우유가 만든 세계사

HITO TO MIRUKU NO ICHIMANNEN
by MASAHIRO HIRATA

ⓒ 2014 by MASAHIRO HIRATA
First published 2014 by Iwanami Shoten, Publishers, Tokyo.
This Korean edition published 2018
by Dolbegae Publishers, Paju
by arrangement with the proprietor c/o Iwanami Shoten, Publishers, Tokyo

생각하는돌 20

우유가 만든 세계사

히라타 마사히로 지음 | 김경원 옮김

2018년 12월 24일 초판 1쇄 발행
2020년 12월 5일 초판 3쇄 발행

펴낸이 한철희 | **펴낸곳** 돌베개 | **등록** 1979년 8월 25일 제406-2003-000018호
주소 (10881) 경기도 파주시 회동길 77-20 (문발동)
전화 (031) 955-5020 | **팩스** (031) 955-5050
홈페이지 www.dolbegae.co.kr | **전자우편** book@dolbegae.co.kr
블로그 imdol79.blog.me | **트위터** @dolbegae79 | **페이스북** /dolbegae

주간 김수한 | **편집** 우진영
표지디자인 이새미 | **디자인** 이은정 · 이연경
마케팅 심찬식 · 고운성 · 조원형 | **제작 · 관리** 윤국중 · 이수민 | **인쇄 · 제본** 상지사 P&B

ISBN 978-89-7199-920-2 (44900)
ISBN 978-89-7199-452-8 (세트)

책값은 뒤표지에 있습니다.

이 도서의 국립중앙도서관 출판예정도서목록(CIP)은 서지정보유통지원시스템 홈페이지(http://seoji.nl.go.kr)와
국가자료공동목록시스템(http://www.nl.go.kr/kolisnet)에서 이용하실 수 있습니다.(CIP제어번호: CIP2018039204)

생각
하는
돌

20

우유가
만든
세계사

히라타 마사히로 지음 | 김경원 옮김

돌베
개

넘쳐 나는 유제품

케이크, 푸딩, 소프트아이스크림, 요구르트, 파스타, 빵 등 우리 주변에 넘쳐 나는 이 맛있는 음식들의 공통점은 무엇일까요? 바로 유제품을 써서 만든다는 것입니다. 현재 우리의 식생활에는 유제품이 상당한 비중을 차지합니다. 냉장고를 열어 보세요. 유제품이 하나는 들어 있을 것입니다. 유제품은 음식에 부드러운 풍미를 더해 주고 음식 문화를 풍성하게 가꾸어 줍니다.

기나긴 세월을 거치며 세계적으로 다양한 유제품이 발달해 왔습니다. 우리가 흔히 이용하는 버터와 치즈는 서구의 영향을 받아 발달했지요. 하지만 이는 세계의 다양한 유제품 중 아주 일부일 뿐입니다. 몽골의 유목민은 가축의 젖으로 술을 만듭니다. 시리아의 유목민은 잘게 씹기 힘들 정도로 딱딱하게 말린 비숙성 치즈를 만듭니다. 인도 사람들은 시큼하지 않은 요구르트를 카레에 섞어 먹습니다.

포유류 가운데 우리 인간만이 다른 동물(가축)의 젖을 이용합니다. 가축의 젖을 짜고(착유搾乳) 그 젖을 이용하면서 인류는 새로운 먹을거리를 얻었고 생산력을 높였습니다. 나아가 새로운 삶의 방식을 탄생시켰습니다.

이 책에서는 가축의 젖 짜기와 더불어 시작된 인류의 새로운 생업과 주로 유라시아 대륙에서 자연환경의 영향을 강하게 받아 다양하게 발달한 젖 문화에 대해 이야기하려 합니다. 나아가 1만 년에 걸친 인간과 젖의 역사를 전체적으로 그려 내고자 합니다. 그러면 세계의 젖 문화를 살펴보기에 앞서 일본의 젖 문화부터 살펴봅시다.

일본의 유제품

일본에서 가축의 젖을 이용하기 시작한 것은 적어도 고분古墳 시대*까지 거슬러 올라갑니다. 당시 야마토 정권은 대륙에서 새로운 문화를 적극적으로 받아들이려고 했습니다. 불교가 일본에 전해진 것도 이 시기입니다. 유제품도 이때 일본에 들어온 새로운 문화의 하나입니다. 동아시아에서는 유제품을 약으로 취급했습니다. 당시 식생활을 고려할 때 영양가가 풍부한 유제품은 자양제滋養劑로 쓰였을 것입니다. 옛 문헌에 따르면 유제품은 오장의 움직임을 돕고 대장에 유익하며, 구내염이나 신열을 동반한 종기(부스럼) 등에 효과가 있다고 합니다. 유제품은 어디까지나 천황 등 일부 귀족을 위한 것이었습니다. 초콜릿이나 케이크가 없는 시대에 진하게 푹 고아 만든 유제품은 아주 달콤해서 귀족들의 사랑을 듬뿍 받았을 것입니다.

---

*   일본에서 3세기 말부터 8세기 초까지를 고고학적으로 구분하여 이르는 말로, 지배자의 권력을 과시하는 대규모 봉분묘가 만들어진 시대.

아스카 시대**에는 간사이 지방을 중심으로 소젖을 이용해 오늘날의 버터(버터기름)에 해당하는 '소'₹(酥)라는 유제품을 만든 것으로 보입니다. 나라 시대***에는 일본이 독자적으로 개발했다고 여겨지는 농축유(연유)가 역시 '소'酥라고 불리는 유제품으로 발달해 전국으로 퍼져 나갔습니다. 지방에서 천황에게 이 농축유를 바치는 율령을 갖출 만큼 중요한 식품으로 대접받았지요. '소'는 그만큼 매력적인 먹을거리였을 것입니다. 나라 시대에도 유제품은 어디까지나 귀족을 위한 것이었습니다. 가마쿠라 시대****중기 이후로 소의 지방 상납이 늦어지고 질이 낮아집니다. 그러다가 남북조 시대*****의 전란을 거치면서 젖 문화는 일본에서 완전히 자취를 감춥니다. 유제품은 대중의 먹을거리가 아니었기 때문에 전란이 격렬해지자 금세 사라져 버린 것입니다.

그 후 400년 동안 공백 상태에 놓였던 일본의 젖 문화는 에도 시대******중기에 유럽의 영향을 받아 다시 등장합니다. 1727년에 쇼군인 도쿠가와 요시무네가 네덜란드(또는 네덜란드령 자바섬)에

** 　7세기 전반 나라 분지(야마토 분지)의 남쪽 아스카 지방을 중심으로 일본의 불교 미술이 눈부시게 발전했던 시대. '백제 문명의 연장'이라고 할 만큼 백제로부터 제도와 문물을 대거 수입했다.

*** 　710년 나라로 천도한 때부터 794년 헤이안쿄(오늘날의 교토)로 천도할 때까지를 가리키는데, 사회문화사적 관점에서는 7세기 말부터 9세기 초까지를 포괄하기도 한다. 백제 유민의 유입과 견당사(遣唐使) 파견 등으로 백제와 대륙 문화의 영향이 강하게 나타났다.

**** 　미나모토노 요리토모가 가마쿠라에 막부를 세우면서 일본 최초의 무인(武人) 정권이 들어선 1180년대부터 1333년까지의 무인 집권 시대.

***** 　1335년부터 1392년까지 아시카가 다카우지가 세운 북조(교토)와 고다이고 천황의 남조(요시노)가 대립하고 병존한 시대.

****** 　도쿠가와 이에야스가 에도(오늘날의 도쿄)에 막부를 연 1603년부터 도쿠가와 요시노부가 천왕에게 정권을 돌려준 1867년까지 무사 계급의 최고 지도자인 쇼군이 정권을 장악하고 봉건사회를 이룬 시대.

서 하얀 혹소*를 수입했습니다. 이때부터 혹소의 젖을 짜서 푹 고아 유제품을 만들기 시작했다고 합니다. 귀족이나 무사들이 영양 부족을 개선하고 폐결핵을 치료하는 묘약으로 이용했고, 이 시대에도 서민이 유제품을 구경하는 일은 퍽 드물었습니다.

일본의 민중이 유제품과 만난 것은 1860~1870년대 무렵입니다. 문호를 개방하고 외국인을 받아들이면서 미국과 유럽의 기술이 들어왔고, 우유, 연유, 버터, 치즈 등을 제조하기 시작했습니다. 이윽고 대중을 위한 젖 문화가 싹튼 것이지요. 1945년 패전 이후 유제품의 생산과 소비는 비약적으로 증가했습니다. 학교 급식에 우유를 도입하고 낙농가에 우선적으로 자금을 지원하는 정책을 실시했지요. 우유에 빵을 곁들여 먹는 미국의 식생활과 가치관이 점령군을 통해 도입되면서 유제품이 널리 보급되었습니다. 이렇듯 현대 일본의 유제품은 서구의 젖 문화로부터 영향을 받으며 발전해 갔습니다.

우리가 몰랐던 유제품

세계는 드넓고 다양성으로 가득 차 있습니다. 세계 전체로 보면 유럽도 한랭 습윤한 세계의 한 부분으로 조금 특수한 지역일 뿐이지요(본문 뒤 별면 지도 참조). 세계의 광대한 면적을 차지하는 것은 건조 지대입니다. 건조 지대는 강수량이 적고, 대부분 증발이

---

*   인도, 동남아시아, 아프리카 등지에서 기르는 제부(zebu)를 말한다. 뿔이 길고 몸빛이 희며 등에 지방과 근육으로 된 큰 혹이 달렸다.

나 증산 蒸散**으로 토양이 수분을 잃어버린 탓에 식물이 거의 없는 사막이나 나무가 드문 초원 등으로 이루어진 지역입니다. 아프리카 북부에서 서아시아, 남아시아, 중앙아시아, 북아시아, 티베트 지역으로 건조 지대가 펼쳐져 있습니다. UN의 집계에 따르면 건조 지대가 육지 면적의 총 37퍼센트 정도로 세계의 3분의 1을 차지한다고 합니다.

건조 지대는 수자원 제약이 심해 작물보다 가축을 기르는 비중이 높습니다. 따라서 가축의 젖에 의존하는 생활이 자연스럽게 이루어졌지요. 별면 지도의 바둑판무늬 부분은 15세기에 가축의 젖을 이용하던 지역을 나타냅니다. 지도를 보면 착유 지대와 건조 지대가 거의 일치한다는 것을 알 수 있지요. 이 광대한 건조 지대에서는 주로 유목민이 가축의 젖을 가공해 다양한 유제품을 만들어 이용하고 있습니다. 오늘날 일본의 유제품에 커다란 영향을 끼친 유럽과 미국의 젖 문화는 실로 일부에 지나지 않습니다.

젖 문화의 현장으로

나에게 젖 문화의 흥미로움을 일깨워 준 것은 시리아사막에 사는 아랍계 유목민인 베두인족Bedouin이었습니다. 베두인족은 양과 염소를 기르면서 가축의 고기보다 젖을 주식으로 삼고 있습니다.

나는 일본 국제협력사업단의 청년해외협력대원으로서 이십대 후반을 시리아에서 보냈습니다. 무분별한 가축 방목이 사막화를

** 식물이 적정 온도를 유지하고 뿌리에서 물과 영양분을 원활하게 흡수하기 위해 주로 잎의 기공을 통해 수분을 수증기로 배출하는 작용.

베두인족 목동과 양. 왼쪽은 씨 숫양, 오른쪽은 길잡이 양이다.

초래한다는 문제 제기가 있어, 그에 대해 조사할 목적으로 시리아
의 건조지를 찾아갔던 것입니다. 시리아사막에서 식생을 조사하
는 동안 그곳에서 가축을 치는 베두인족과 만났습니다. 시리아사
막은 여름에 기온이 거의 50도까지 올라갑니다. 땡볕 아래 한 시
간쯤 가만히 있기만 해도, 더위 때문에 몽롱해지고 몸에서 수분과
체력이 빠져나갑니다. 풀과 나무도 거의 없습니다. 이렇게 가혹한
자연환경 속에서 베두인족은 양과 염소의 젖과 고기와 털을 영리
하게 이용하면서 씩씩하게 살아왔습니다. 나는 그들의 지혜와 늠
름한 태도에서 뿜어져 나오는 매력에 점점 더 빠져들었습니다.

어느 날 탈수로 기진맥진한 상태에서 베두인족의 검은 천막집*
에 도착했습니다. 집주인은 시큼한 밀크**를 한 잔 내밀었습니다.
적당한 신맛에 상큼하고 깔끔한 맛이 어우러져 온몸의 세포 구석

*　검은 염소 털로 짠 전통적인 천막집으로, '털로 만든 집'이라는 뜻의 베이
　　트 앗샤르(beit al-sha'r)라고 한다.
**　원문의 ミルク를 '젖'이나 '우유'로 옮기기 어려운 경우에는 그대로 '밀크'
　　로 옮겼다.

구석까지 스며들었던 감각을 지금도 선명하게 기억합니다. 맛있는 음식을 먹은 감동으로 몸이 떨릴 지경이었습니다. 그때를 계기로 젖 문화에 관심을 가지게 되었고, 알아 갈수록 재미있고 웅숭깊은 경지에 빠져들었습니다. 베두인족은 유목민의 삶 중심에 젖 문화가 있다는 사실을 깨우쳐 주었습니다.

시리아 현장에서의 만남 이후 나는 젖 문화를 평생의 연구 주제로 정했습니다. 그 뒤로 광활한 유라시아 대륙을 넘나들며 유목민의 젖 짜기와 가공, 가축 관리 등의 기술을 조사했습니다. 학술 연구의 핵심은 '재미'에 있습니다. 재미를 느껴야만 조사 연구에 뛰어들 힘이 샘솟습니다. 그래야 전 세계에서 나밖에 생각하지 못하는, 독창성 넘치는 나만의 연구가 탄생할 수 있습니다. 현장 답사(필드워크)에는 새로운 발상과 발견이라는 보물이 셀 수 없이 흩어져 있습니다.

젖 문화 1만 년

1장에서는 젖을 분비하는 포유류의 탄생, 야생동물의 가축화, 젖 짜기의 발명, 인류에게 있어 젖 문화가 가지는 의의에 대해 설명합니다. 또한 장기 보존과 이용을 위한 유가공乳加工의 중요성을 이야기할 것입니다. 2장에서는 가축의 젖을 이용해 온 역사와 더불어 유목민의 다양한 유가공 기술에 대한 이해를 돕기 위해 관련 과학도 살펴보겠습니다.

야생동물의 가축화는 기원전 8700~8500년, 젖 짜기는 기원전 7000~6001년 사이에 시작되었다고 합니다. 이것이 현재까지 연

13

구를 통해 추정한 가장 오래된 연대이니, 과학적으로 명확하게 밝혀진 젖 문화의 역사는 8,000~9,000년이라고 볼 수 있습니다. 1만 년이 채 되지 않지요. 따라서 인간이 약 1만 년 전에 야생동물을 가축화한 이래 얼마 지나지 않아 가축의 젖을 이용하기 시작했다고 추측할 수 있습니다. 그런데 가축화와 젖 짜기의 시작 시기가 딱 맞아 떨어지지 않는 이유는 무엇일까요? 그것은 최소한의 물자로 생활하는 유목민이 두 시기의 연관을 증명해 낼 유물을 거의 남기지 않았기 때문입니다. 가축화와 젖 문화를 검토할 수 있는 고고학적 유물이 지극히 드문 것이지요. 또 연대를 추정할 수 있는 유력한 자료인 토기가 서아시아에서 기원전 7000년경부터 등장하기 시작했다는 이유도 있습니다. 가축화 초기, 그리고 아마도 가축의 젖을 짜기 시작한 초기까지도 서아시아에서는 아직 토기를 이용하지 않았던 듯합니다.

앞서 말했듯 현재 과학적으로 밝혀진 젖 문화의 역사는 1만 년 전까지 거슬러 올라가지는 않습니다. 그러나 앞으로 연구가 좀 더 진전되면 아마도 1만 년 가까이 올라가리라는 기대에서 이 책의 제목을 '人とミルクの1万年'(인류와 젖의 1만 년, 원제)이라고 붙였습니다.

3장부터 7장까지는 유라시아 대륙의 각 지역에서 가축의 젖을 어떻게 이용해 왔는지를 구체적으로 소개합니다. 특히 3장에서 5장에 걸쳐서는 건조 지대인 서아시아, 남아시아, 그리고 북아시아의 사례가 나옵니다. 이들 지역은 유제품이 식생활에서 상당히 중요한 비중을 차지하는 곳입니다. 아울러 서아시아에서 탄생해 지금은 건조 지대 전반에서 널리 공유하는 젖 문화, 그리고 남아시아나 북아시아에서 특징적으로 발달해 온 젖 문화에 대해서도 살펴보겠습니다. 6장에서는 습윤 지대인 유럽의 젖 문화를 소개하겠습니다.

건조 지대에서 탄생한 젖 문화는 습윤 지대인 유럽으로 전해지면서 어떻게 발달했을까요? 유럽이 세계의 음식 문화에 눈에 띄게 공헌한 점은 숙성 치즈를 발달시킨 것입니다. 숙성 치즈의 발달에는 서늘하고 습한 유럽의 자연환경, 그리고 유럽인이 지닌 음식 문화의 기호가 대단히 영향을 끼쳤다고 볼 수 있습니다.

7장에서는 본래 젖 문화가 없던 동남아시아에서 가축의 젖을 이용하게 된 과정을 살펴봅니다. 이는 젖이라는 먹을거리를 통해 문화가 어떻게 전파되고 변화하는지 고찰하는 일이기도 합니다. 애초에 가축의 젖을 필요로 하지 않았던 지역에서는 '기호 식품'이나 '영양 보조 식품'으로서 젖 문화가 침투했다는 점이 두드러질 것입니다.

8장에서는 유라시아 대륙의 젖 문화 발달사를 정리합니다. 서아시아에 기원을 둔 젖 문화가 주변 지역으로 전해지면서 북방 지역의 추위와 남방 지역의 무더위라는 자연환경 속에서 양극화하는 역사를 더듬어 봅니다.

그러면 인류가 걸어온 1만 년의 젖 문화 역사를 하나하나 살펴보겠습니다.

1장

인류의
삶을 바꾼
젖 짜기

방목지에서 쉬고 있는 아랍계 유목민. 이렇게 황량한 땅에서 목축과 젖 짜기가 탄생했다.

원시 포유류는 약 2억 년 전 중생대 트라이아스기에 유양막류*로부터 탄생했습니다. 이때 포유류의 번식 방법이 알을 낳는 형태에서 미성숙한 새끼를 출산해 젖을 먹여 기르는 형태로 진화했습니다. 척추동물의 진화 중에서도 아주 극적인 이 변화의 과정과 깊이 연관된 것이 바로 젖입니다.

젖 성분은 대부분 젖샘에서 혈액으로 만들어집니다. 젖은 어미 동물의 피로 이루어진 셈이지요. 이를테면 어미 소는 젖 1리터를 생산하는 데 약 500리터의 혈액을 씁니다. 500배에 달하는 혈액이 필요한 것입니다. 별 생각 없이 마시는 우유가 대량의 혈액으로 만들어진다고 생각해 보세요. 얼마나 귀한 먹을거리인지 제대로 알고 먹어야겠다는 생각이 듭니다.

젖샘은 피부의 땀샘이 변해 진화한 것이라고 합니다. 척추동물은 땀샘을 통해 혈액 속의 불필요한 물질을 몸 밖으로 내보냅니다. 진화 과정에서 이렇게 혈액 노폐물을 땀샘으로 분비하고 방출하는 체계를 활용해, 젖샘에서 만든 혈액 속 영양소를 젖으로 분비하고(비유泌乳) 먹이도록(포유哺乳) 변화해 온 것입니다.

포유류로 진화한 척추동물이 지구상에서 번성한 것은 젖으로 새끼를 기를 수 있어 자연환경의 변화에 영향을 덜 받았기 때문이기도 합니다. 포유류 이외의 척추동물은 새끼 때부터 먹이가 될 만한 동식물을 야생에서 획득해야 합니다. 또한 가뭄 같은 환경 변화가 지대한 영향을 미치며 생존까지 좌우합니다. 그러나 새끼

---

*　　발생 초기 과정에 배아를 감싸는 양막이 생기는 파충류, 조류, 단궁류(포유류)의 총칭.

에게 젖을 먹이는 방식은 자연환경의 변화에 거의 영향을 받지 않습니다. 새끼가 섭취하는 유일한 먹이인 젖은 악조건 속에서도 어미의 몸에서 생성됩니다. 어미가 몸을 좀 축내더라도 새끼의 먹이는 확보할 수 있는 것입니다. 번식의 측면에서 보면 포유류는 비약적인 진화를 이루었다고 할 수 있겠지요. 이 같은 진화의 핵심에 바로 젖이 관여합니다.

야생동물에서 가축으로

소나 양과 같이 솟과에 속하는 야생종 포유류는 신생대 마이오세*(약 2,300만~500만 년 전)에 서아시아에 등장했고, 플라이오세**(약 500만~260만 년 전) 이후 아시아와 아프리카로 널리 이동했다고 합니다. 인류는 700만 년 전 아프리카에서 탄생해*** 원인猿人, 원인原人, 구인舊人, 신인新人으로 진화해 갑니다. 다만 초기 인류의 출현 연대와 생물학적 특징은 명확하지 않은 점이 많아 아직도 논쟁 중입니다. 현생인류는 약 30만 년 전부터 20만 년 전 사이에 탄생했다고 합니다.

약 1만 년 전에 빙하기가 끝나고 지구의 온난화가 진행되는 가운데 인류는 이윽고 농경을 시작합니다. 그리고 야생 포유류를

*　　신생대 제3기의 초기로, 현세와 유사한 생물종이 나타났으며 초식동물이 대단히 번성했다.
**　　신생대 제3기의 마지막 시기로, 이때부터 빙하시대의 전조가 나타났다.
***　　현생 인류와 밀접하게 관련된 화석인류 호미닌(hominin) 중에서 가장 오래된 사헬란트로푸스 차덴시스(Sahelanthropus tchadensis, '아프리카 차드 지방에 살던 사헬이라는 인류'라는 뜻)를 말한다.

가축화합니다. 이 일은 바야흐로 시대를 훌쩍 뛰어넘어 기원전 8700~8500년 무렵에 일어났습니다. 야생동물을 사냥해 고기를 얻는 생활에서 가축으로 길러 고기를 얻는 생활로 변화한 것입니다. 인류가 탄생한 게 700만 년 전이니, 약 1만 년 전에 시작된 가축화는 인류 역사를 놓고 볼 때 아주 최근에 일어난 일입니다.

현재 지구상에 존재하는 야생 포유류는 4,300~4,600종 정도라고 합니다. 이 가운데 가축으로 포섭한 것은 약 20종에 지나지 않습니다. 토끼, 쥐, 늑대(개), 고양이, 말, 멧돼지(돼지), 낙타, 순록, 소, 양, 염소 등 대다수가 건조 지대에 적합한 동물입니다. 이 가운데 말과(말, 당나귀), 낙타과(낙타, 라마, 알파카), 솟과(소, 염소, 양, 물소) 동물은 여러 마리가 무리를 이루어 생활하는 특성이 있어서 한꺼번에 많이 기를 수 있고 종합적인 식량 획득을 기대할 수 있습니다. 한편, 타고난 기질이 온순하거나 그렇지 않으면 길들이면서 성질이 얌전해지는 종이라야 가축으로 기를 수 있었습니다. 인간은 이러한 동물의 특질을 기막히게 이용해 가축을 더 나은 목초지로 이끌었습니다. 나아가 가축의 젖을 짜고, 적절히 휴식하도록 가축을 통제하며 다양한 먹을거리를 얻을 수도 있었습니다.

다른 가축은 어떨까요? 개는 무리를 짓지 않습니다. 개의 조상인 늑대는 아주 위험한 동물이지요. 인간은 식량을 얻기 위해서가 아니라 용맹성 때문에 늑대를 길들였습니다. 유라시아 대륙부터 아프리카 대륙에 걸쳐 있는 유목민의 천막집을 방문해 보면, 반드시 개가 먼저 나와 맹렬하게 짖어 대기 마련입니다. 인간이나 가축을 위협하는 낯선 존재를 물리치기 위해 용맹한 늑대를 개로 길들인 것입니다. 또 물건 운반이나 이동 수단으로 북아시아에서는 말을, 서아시아와 아프리카에서는 당나귀를 이용합니다. 말과科

동물은 다리 힘이 발달해 이동 속도가 빠릅니다. 말과를 가축화하려면 상당한 노고가 필요하지만, 인간은 말의 다리 힘을 생활에 이용하고 있습니다. 인류와 바람직한 관계를 맺은 야생동물만 가축이 되어 인간 사회 안으로 들어올 수 있었지요.

가축화의 특징

야생동물을 가축으로 기르기 위해서는 오랜 시간에 걸쳐 인간의 편의대로 개량해야 했습니다. 신체 크기는 관리하기 수월하게 대체로 작아졌습니다. 몸집이 비대하면 가축이 거칠게 날뛸 때 인간이 위험에 처하기 때문입니다. 또한 일반적으로 뿔은 작아지고 발굽은 퇴화했습니다. 인간의 기호에 맞추어 돌연변이종을 선택함으로써 야생종으로 보이지 않는 다양한 색깔과 모습을 지닌 동물들도 출현했습니다. 야생 늑대와 가축화된 개를 비교해 보면 다양성의 차이가 뚜렷하게 드러납니다.

　이러한 동물 개량의 목표는 새끼를 더 많이 낳도록, 체중이 더 잘 늘도록, 젖을 더 잘 분비하도록, 즉 식량 생산에 유리하도록 바꾸는 것입니다. 본래 야생동물의 어미는 자기가 낳은 새끼를 기를 정도로만 젖을 분비하지만, 가축의 어미, 예를 들어 홀스타인종 어미 젖소는 하루 젖 분비량이 50킬로그램에 달할 만큼 놀랍게 증가했습니다. 가축은 인간이 관리하기 때문에 야생동물에 비해 훨씬 약하고 순종적이지만, 먹을거리를 얻는 데에는 월등하게 유용합니다.

　말이나 당나귀는 발굽이 하나뿐이기 때문에 기제류 奇蹄類*에 속하고, 소를 비롯해 순록, 낙타, 양, 염소, 돼지는 발굽이 반으로 갈라져 발가락이 두 개 또는 네 개이기 때문에 우제류偶蹄類**로 분류합니다. 우제류 가축 중 돼지와 낙타를 제외한 가축은 네 개의 위胃를 가진 반추동물(되새김동물)입니다. 각각의 위는 기능과 역할이 다릅니다.

'반추'反芻는 한번 삼킨 음식물을 소량씩 게워 내 되새김질하는 생리 현상을 말합니다. 소나 양이 엎드려서 입을 오물오물하며 먹이를 되씹는 행동이 바로 반추입니다. 반추동물의 혹위(제1위) 안에는 주로 세균류나 원충류原蟲類***가 서식하고 있기 때문에 위가 하나밖에 없는 동물이 소화시키기 어려운 식물성섬유(셀룰로오스) 등도 잘 소화시켜 영양소를 흡수할 수 있습니다. 그래서 소는 풀만 먹으면서도 커다란 체구를 유지하며 젖을 대량으로 만들어 낼 수 있습니다. 건조 지대 같은 열악한 환경에서도 가축은 영양가가 낮은 식물에만 의존해서 살아갈 수 있는 것입니다.

가축이 이끈 새로운 생산 활동

드디어 인간은 가축의 젖을 짜기 시작했습니다. 지금으로부터 약 8,000~9,000년 전에 일어난 일입니다. 다른 동물의 젖을 짜서 이용하는 것은 약 4,500종의 포유류 가운데 오로지 인간뿐입니다. 원래 어미는 자기 새끼를 위해서만 대량의 혈액으로 젖을 만들어

---

*   발굽이 있고 뒷발의 발가락 수가 홀수인 동물.
**   발굽이 있고 뒷발의 발가락 수가 짝수인 동물.
***   운동성을 가진 단세포동물로, 일부는 동물의 몸 안에 기생하며 무증상에서 치명적인 증상까지 다양한 증상을 유발한다.

내는데, 인간은 그것을 가로채는 드물고도 교묘한 기술을 발명한 셈입니다.

　서아시아나 북아시아처럼 적도와 거리가 먼 지역에서는 반추 가축도 기본적으로 새끼를 1년에 한 번, 그것도 한두 마리밖에 낳지 않습니다. 가축의 개체를 늘리는 것은 상당히 비효율적인 작업이지요. 그저 고기만 얻으려면 야생동물을 사냥하는 쪽이 더 효율적일 것입니다. 유적지에서 출토한 동물 뼈를 분석한 결과, 가축화를 시작한 신석기시대에는 가축을 먹는 일이 아주 적었다는 사실이 밝혀졌습니다. 오늘날의 사례를 보더라도 그렇습니다. 아프리카 남부의 칼라하리Kalahari사막에서 수렵 채집 생활을 하는 산San족의 경우, 살아가는 데 필요한 먹을거리를 조달하기 위한 평균 노동시간이 성인 남성 기준으로 하루에 겨우 두 시간이라는 보고가 나와 있습니다. 또 가축을 키우려면 1년 내내 먹일 사료가 필요합니다. 봄부터 여름까지는 풀밭에 방목할 수 있지만, 풀이 자라지 않는 가을부터 겨울까지는 사료를 미리 확보해 보존해 두었다가 가축에게 먹여야 합니다. 한마디로 고기를 얻는 것이 목적이라면 일부러 수고스럽게 가축을 기를 필요가 없으며, 사냥만으로 수요를 충족할 가능성이 더 높습니다.

　이렇게 비효율적인데도 인류가 반추동물을 기르려고 한 까닭은 무엇일까요? 바로 젖 때문입니다. 젖은 가축을 죽이지 않고도 얻을 수 있는 먹을거리입니다. 인류는 가축이라는 밑천은 그대로 두고 젖이라는 이자를 이용해 살아남는 생존 전략을 세운 것입니다. 이를 통해 비로소 가축에게서 정기적으로 먹을거리를 얻게 되었습니다. 또 고기에서 젖으로 가축의 활용 가치를 바꾸면서 먹이(식물)를 통해 먹을거리를 생산하는 효율이 네 배 가까이 비약적

으로 높아졌습니다. 젖을 얻는 전략은 고기를 얻는 것과 가축의
이용 방법이 완전히 다릅니다.

　실제로 현장 답사 중에 아랍계 등의 유목민과 함께 생활해 보
면, 잔치를 열거나 손님을 대접할 때 말고는 일상적으로 고기를
먹는 일이 거의 없다는 것을 알 수 있습니다. 케냐의 유목민인 투
르카나Turkana족이나 마사이Maasai족은 놀랍게도 일상 식량의 약
60퍼센트, 즉 절반 이상을 가축의 젖에 의존합니다. 이러한 사례
는 젖이라는 먹을거리에 크게 의존하는 생활이 실제로 성립한다
는 것을 보여 줍니다. 대다수 유목민은 고기보다는 젖을 먹으며
꿋꿋하게 살아갑니다. 더 많은 젖을 얻기 위해 가축을 기른다고
해도 과언이 아니지요. 인류가 먹을거리를 획득하는 새로운 방법
이 탄생한 것입니다.

생업 혁명

가축의 젖을 짜는 것은 먹을거리를 획득하는 일일뿐더러 가축의
무리를 관리하기 위한 중요한 기술과도 관계가 있습니다. 젖을 짜
기 위해서는 어미와 새끼를 분리하고 각각 별개의 무리에 넣어 방
목합니다. 새끼에게 입마개를 씌워 젖을 못 먹게 하는 경우도 있
습니다. 본래는 자기 새끼에게만 허락하는 젖을 다른 종의 동물
(인간)이 짜서 가져가려면 최유催乳 등 '속여서 가로채기' 위한 기
술이 필요합니다. 최유란 어미의 젖 분비를 촉진시키는 기술을 말
합니다. 먼저 새끼에게 1분쯤 어미젖을 빨립니다. 어미는 냄새와
울음소리로 자기 새끼를 알아차리고 품에 받아들여 젖을 먹이기

송아지를 이용해 젖을 얻는 최유 기술

시작합니다. 그런 다음 새끼를 어미의 유방에서 떼어 내고 그대로
어미 곁에 머물게 하면서 젖을 짭니다. 소나 말, 낙타의 젖을 짤
때 자주 이용하는 방법입니다.

젖을 더 많이 얻으려면 젖이 나오는 암컷을 가능한 한 많이 기
르는 것이 바람직하므로, 젖 분비가 잘되는 암컷을 선별합니다.
수컷은 씨를 제공할 만큼만 있으면 충분하기 때문에 생후 얼마 지
나지 않아 다수의 수컷을 솎아 내거나 거세합니다. 수컷을 거세하
면 싸움이 줄고 무리의 통합성도 좋아집니다. 유목민은 가축을 기
를 때 하렘harem 상태(수컷 한 마리 내지 소수에 암컷 여러 마리로 이루
어진 포유류의 번식 집단 형태) 또는 하렘에 거세 수컷 몇 마리를 더
하는 식으로 무리를 구성합니다. 이것도 생산성을 향상시키기 위

한 기술입니다.

이렇듯 더 많은 젖을 얻기 위해서는 새끼를 이용해 젖을 짜는 기술은 물론 가축 무리를 구성하고 관리하며 우수한 가축을 선별하는 기술도 필요해집니다. 젖 짜기는 목축의 본질과 관련된 중요한 생산 활동입니다. 가축의 젖을 이용하면서 인간은 새로운 먹을거리를 얻었고 가축을 관리하는 방법을 터득했으며, 전면적으로 가축에 의존하는 생활이 가능해졌습니다. 젖이라는 먹을거리를 안정적으로 확보함으로써 혹독한 건조 지대로 진출해 생활할 수 있었고, 인류의 생활권이 확대되었습니다. 가축의 젖을 이용하면서 인류의 생업에 혁명이 일어난 것입니다.

목축과 젖 짜기

자, 이제 젖 짜기가 목축이라는 생활양식에 얼마나 중요한가에 대해 지금까지 나온 학설을 소개해 보겠습니다.

"착유를 발명하고 젖을 이용함으로써 인간은 비로소 생활의 대부분을 가축에 의존하게 되었고, 목축이라는 새로운 생업을 시작했다." 일본의 민족학자인 우메사오 다다오(梅棹忠夫)는 약 반세기 전에 내몽골의 유목민에 대한 현지 조사를 통해 이러한 학설을 제창했습니다(1976). 목축이라는 생활양식이 젖 짜기에서 출발했다고 맨 처음 이야기한 사람이 바로 우메사오 다다오입니다. 문화인류학자인 후쿠이 가쓰요시(福井勝義)는 "동물의 무리를 관리해 번식을 돕고, 젖이나 고기를 직간접으로 이용하는 생업"이라고 목축을 정의했습니다(1987). 두 사람은 가축의 젖을 이용하는 것이 단순히 식량 자원을 확보하는 차원이 아니라 하나의 생업, 즉 삶을 꾸려 가는 새로운 방식을 탄생시킬 만큼 중요하다고 말하는 것입니다.

세계의 음식 문화를 연구하는 민속학자 이시게 나오미치(石毛直道)는 "가축의 젖을 이용함으로써 인간은 식생활의 대부분을 가축에 의존하기에 이르렀다. 젖은 영양학적으로 볼 때 완전식품에 가깝다. 그렇기 때문에 인간은 가축의 젖과 유제품에 의존해 생활하는 것이 가능하다."라고 기술했습니다(유키지루시유업 건강생활연구소 편, 1992).

앞에서 언급한 후쿠이 가쓰요시는 "순록 유목을 제외하면 목축을 하나의 생업으로 만든 가장 커다란 요인은 착유에 있다고 할 수 있다. 모든 포유류가 새끼를 길러 내는 젖에 완전한 영양소가 들어 있을 것이라는 사실을 유목민이 그냥 지나쳤을 리 없다. 가축화 과정에서 젖이 많이 나는 가축을 인위선택*했고, 그 결과 유목민은 농경민과 지리적으로 멀리 떨어진 곳에서 농경에 적합하지 않은 더욱 건조한 땅에 적응해 갔다고 볼 수 있다."라고도 했습니다(1987).

이렇듯 많은 연구자가 젖 짜기야말로 목축이라는 생활양식을 성립시킨 커다란 요인 가운데 하나였다고 지적합니다.

* 　　작물이나 가축을 기를 때 특정한 형질을 가진 개체를 골라 교배하는 일.

젖 짜기의 기원

그렇다면 인간은 어쩌다 가축의 젖을 짜기 시작했을까요? 여기에는 '무리 짓기'라는 가축 관리 구조와 '모자母子 인식의 위기'라는 것이 깊이 관련되어 있습니다. 유럽과 서아시아에 걸쳐 목축에 대해 널리 조사하고 연구한 문화인류학자 다니 유타카(谷泰)는 젖 짜기의 기원에 대해 믿을 만한 가설을 내놓았습니다.

무리를 지어 살아가는 야생동물은 자연 상태에서 새끼에게 젖을 먹이는 데 문제가 없습니다. 그러나 가축이 되어 인간의 관리를 받으면, 생태적 지위ecological niche**가 바뀌거나 개체 크기가 커지면서 새끼가 어미젖을 먹는 데 실패하는 상황도 생깁니다. 이때 가축을 한 마리도 허술하게 둘 수 없는 목부牧夫는 어미와 새끼 사이에 개입해 새끼가 무사히 젖을 빨도록 도와주려고 하지요. 실제로 현장에서는 새끼를 어미 곁으로 데려가거나 어미의 움직임을 통제해서 새끼에게 젖을 물리는 모습을 볼 수 있습니다. 어미젖을 짜서 젖병에 담아 먹이기도 합니다.

다니 유타카는 바로 이것이 젖 짜기의 기원이라고 말합니다. 젖을 먹이는 데 문제가 있는 가축의 모자 사이에 개입해 새끼를 먹이려고 젖을 짜는 행위가 급기야 인간을 위한 젖 짜기로 변화해 갔다는 것입니다.

이 문제는 어떻게 해도 추측의 영역을 벗어날 수 없습니다. 그렇지만 현장에서 양이나 염소 무리를 관찰하고 어미와 새끼의 행

** 어떤 생물종이 생태계에서 차지하는 위치로, 서식 조건과 식생 및 천적 관계 등에 의해 결정된다. 생태적 지위가 같은 두 종은 하나의 영역 안에서 공존하지 못한다.

새끼 양에게
젖병을 물리는 목부

동 특성과 다양한 상황을 고려해 보면, 다니 유타카가 주장하듯
인간이 가축의 모자 사이에 개입함으로써 젖 짜기가 시작되었다
는 학설이 나올 만합니다.

계절에 따른 가축의 번식

가축화도 젖 짜기도 모두 서아시아의 건조 지대에서 시작되었습
니다. 이 지역의 유목민은 양과 염소를 주로 사육하면서 가축의
젖에 의존해서 생활합니다. 그러나 1년 내내 젖을 짜는 것은 아닙
니다. 인간의 모유를 생각하면 금세 알 수 있듯, 젖은 어미가 새끼
를 배고 낳는 과정을 거쳐야만 나오기 마련입니다. 1년 내내 슈퍼
에서 우유를 팔고 있으니 이 점을 잊기 쉽지만, 젖은 아무 때고 당
연하다는 듯 나오는 것이 결코 아닙니다.

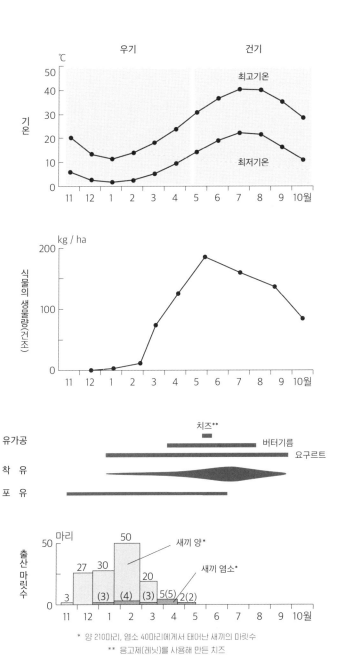

시리아 내륙 지방의 기온, 식물의 생물량,
양과 염소가 출산한 새끼의 수, 포유와 착유 및 유가공의 계절 추이(1999)

서아시아에서 널리 기르는 양과 염소는 계절에 따라 번식하는 성질이 있습니다. 교미와 출산, 젖 짜기에도 때가 있다는 말입니다. 31쪽의 도표들은 시리아 내륙 지방의 어느 유목민 가정을 직접 조사하여 가축이 출산한 새끼의 수, 포유 및 착유와 유가공의 계절적 추이, 그리고 기온과 식물의 생육 곡선을 표시한 것입니다.

양과 염소는 일조시간이 짧아지면 암컷이 발정하고 교미하기 시작합니다. 하지부터 해가 짧아진다고 하면 8월경부터 교미가 시작된다고 볼 수 있습니다. 양과 염소의 임신 기간은 5개월입니다. 그러므로 새끼가 주로 태어나는 시기는 12월부터 시작되고, 1~2월 사이에 가장 왕성하게 태어납니다. 염소는 양보다 출산이 1개월쯤 늦습니다.

새끼는 가장 좋은 계절에 태어나지 않는다

서아시아는 지중해성 기후입니다. 우기와 건기가 있고, 추운 겨울에는 비가 내리지만 더운 여름에는 비가 전혀 내리지 않는 것이 특징이지요. 건기인 여름에는 기온이 높이 올라가기 때문에 야생식물은 대부분 말라 버립니다.

1년 중 식물의 상태가 가장 양호한 시기는 3~4월 사이입니다. 이 시기에는 기온이 상승해 화창한 날이 이어지고, 가축의 먹이가 되는 야생식물이 왕성하게 자랍니다. 종족 번식의 본능을 생각해 보면 이렇게 환경 조건이 가장 좋을 때 새끼를 낳아야 할 것 같은데, 양이나 염소가 새끼를 낳는 시기는 주로 1~2월입니다.

새끼는 태어나서 한동안 어미젖을 먹습니다. 생후 한 달이 지

양의 출산

나서야, 새끼는 본격적으로 풀을 뜯기 시작합니다. 그 무렵 들판의 야생식물 상태가 가장 양호하지요. 다시 말해 양이나 염소의 새끼는 환경이 가장 좋을 때 태어나는 것이 아니라, 식물 상태가 가장 좋은 시기와 풀을 뜯기 시작하는 시기가 맞물리도록 때를 맞추어 탄생하는 것입니다. 생명의 신비가 느껴지지 않나요? 교배 및 출산 유형과 자연환경을 생각할 때 양이나 염소는 지중해성 기후에 아주 적합한 동물이라고 생각됩니다.

아무 때나 얻을 수 없는 젖

새끼는 태어나 석 달 동안 계속해서 어미젖을 먹습니다. 그 뒤로 최소한 두 달 동안은 어미와 새끼를 격리해 모자 관계에 대한 인식을 소멸시켜 버립니다. 어미와 새끼가 친엄마, 친자식을 알아보

33

양과 염소의 젖은 건조 지대에서 살아가는 유목민에게 꼭 필요한 양식이다.

지 못하게 만드는 것입니다. 모자 관계를 인식하지 못하면 어미는 더 이상 새끼에게 젖을 먹이려고 하지 않습니다. 이때부터 인간이 젖을 가로채는 것입니다.

젖 짜기는 보통 새끼가 젖을 먹기 시작하는 1월 중순부터 이루어집니다. 새끼의 출생 시기에 따라 차이가 있겠지만, 대체로 태어난 지 사흘째부터 스무 날이 지나면 젖 짜기를 시작합니다. 일단은 젖을 짜서 새끼부터 먹입니다. 9월 하순까지 젖 짜기가 계속되는데, 6월 하순부터 7월 중순까지 착유량이 가장 많습니다. 염소가 양보다 약 한 달 반쯤 젖을 더 짤 수 있습니다. 염소는 방목할 때 무리를 벗어나는 일이 잦아서 양보다 관리하는 수고가 더 들지만, 젖 짜는 기간이 길다는 보람이 있습니다. 이 기간을 더 늘리려는 시도가 계속되고 있지만, 1년 내내 젖을 얻을 수는 없습니다. 요컨대 젖을 얻을 수 없는 시기가 있다는 뜻입니다. 이것은 인간이 가축의 젖을 이용하는 방법에 커다란 영향을 미칩니다.

유가공의 본질은 '보존'

양과 염소의 젖을 짤 수 있는 계절은 한정적입니다. 그렇다면 젖이 나지 않는 계절에는 어떻게 해야 할까요? 답은 '오랫동안 보존할 수 있는 상태로 가공한다'입니다.

31쪽 세 번째 도표를 보면 시리아 유목민은 젖을 짜는 기간 내내 요구르트를 만든다는 사실을 알 수 있습니다. 착유량이 늘어나 매일 먹을 요구르트를 만들고도 일정한 양이 남을 정도가 되면, 버터나 버터기름을 만들기 시작합니다. 버터기름은 버터를 가열 처리해 유지방의 순도를 높인 유제품입니다. 치즈는 5월 하순부터 6월까지 열흘가량만 집에서 먹을 용도로 만듭니다. 젖을 짤 수 없는 겨울에 유목민은 주로 치즈와 버터기름을 먹습니다. 이들 유제품은 오늘날 풍미 있는 기호 식품이지만, 원래는 '보존식품'이었던 것입니다.

젖 짜는 기간이 한정되어 있다는 점에서 앞에 나온 우메사오 다다오의 가설을 보충하자면, "착유를 발명하고 젖을 이용할 뿐 아니라 가공하고 보존함으로써 인류는 생활의 상당 부분을 가축에 의존하게 되었고, 목축이라는 새로운 생업을 시작했다"고 할 수 있습니다. 가축의 젖을 가공하고 보존할 수 있게 되면서 1년 내내 젖에 의존하는 생활이 가능해졌고, 목축이라는 생활양식이 생업으로 성립할 수 있었던 것입니다. 이 관점을 잊으면 목축의 본질을 놓치고 맙니다.

이렇게 양과 염소의 무리에 의존하는 사회는 자연환경이라는 요인에 크게 영향을 받았습니다. 그러나 양과 염소가 생산하는 축산물을 처리하는 단계로 들어가면, 그곳에 사는 주민의 가치관이

나 가공 기술에 크게 영향을 받습니다. 이와 관련해 유목민의 유
가공 체계와 보존성을 높이는 기술 등에 대해서 3장 이후에 살펴
보겠습니다.

2장

인류는
언제부터
젖을 이용했을까?

양젖을 짜는 아랍계 유목민

가축화의 시작

학자들은 양, 염소, 소 등 젖을 짜는 동물을 대상으로 유적에서 출토한 뼈를 분석해 가축화가 언제 시작되었는지, 그 시기를 추정합니다. 해당 동물이 당시 가축이었는지 아닌지는 뼈 크기의 소형화, 뼈 형태의 변화, 급격한 종 변화, 출토 지역(야생종이 서식하는 곳인지 아닌지), 연령 구성의 변화, 가축의 특징적인 병변病變* 등을 기준으로 판단합니다. 여기서 연령 구성의 변화는 야생에서보다 어린 개체의 비율이 부자연스럽게 높아지는 현상 등을 말합니다. 인간이 어떤 의도를 가지고 동물을 관리하고 가축화했다면, 도축으로 인해 연령 구성이 바뀌어 성체成體와 새끼의 비율이 야생과 다를 것입니다.

서아시아의 시리아부터 이스라엘에 이르는 지중해 연안에 레반트Levant**라 불리는 지역이 있습니다. 이 지역의 유적에서 나온 동물 뼈를 분석한 연구에 따르면, 구석기시대나 선先토기 신석기시대(토기가 발견되기 이전의 신석기시대) A기의 유적에서는 대부분 가젤(서아시아에서 아프리카에 걸쳐 서식하는 솟과 동물)의 뼈가 나왔다고 합니다. 인류는 가젤을 가축으로 길들이지 못했으니 이 시기에는 주로 가젤을 사냥한 것으로 추정됩니다. 그런데 선토기 신석기시대 B기의 유적에서는 가젤 뼈가 극단적으로 줄고, 그 대신 양과 염소의 뼈가 대거 나왔습니다. 이 사실을 통해 레반트 지역에서는 적어도 선토기 신석기시대 B기부터 가축화가 시작되었다

---

* 　질병이 발생한 부위나 질병으로 인해 생체 구조나 조직에 일어난 변화.
** 　근동의 팔레스타인(고대의 가나안)과 시리아, 요르단, 레바논 등에 이르는 지역으로, 특정 지역을 명확하게 가리킨다기보다 문화적·역사적인 배경이 같은 지역을 아우르는 개념이다.

고 추정할 수 있습니다.

　터키 남동부에 있는 기원전 8700~8500년경의 유적에서도 양과 염소의 뼈가 나왔습니다. 이것을 분석한 결과, 양과 염소 둘 다 야생종에 비해 몸집이 작아지고 어린 개체의 비율이 늘어나는 등 가축화의 경향이 나타난다고 추정할 수 있었습니다. 일단 현재로서는 서아시아에서 적어도 기원전 8700~8500년경부터 양과 염소를 가축화했다고 생각할 수 있습니다. 다만 가젤 등 야생동물의 뼈가 가축인 양과 염소의 뼈보다 훨씬 많은 것으로 보아, 가축화 초기에는 도축량이 많지 않았다는 것, 즉 먹을거리로는 그만큼 중요하지 않았다는 것을 짐작할 수 있습니다.

　그 후 양과 염소의 가축화는 터키 남동부에서 서아시아로 확대되었습니다. 기원전 7500~7300년경에는 서아시아의 광범한 지역에 걸쳐 본격적으로 양과 염소를 가축으로 기르기 시작했습니다. 나아가 기원전 7500년에는 양과 염소가 서아시아 사람들에게 중요한 가축이 되었다는 점이 흥미롭습니다.

　소와 돼지는 양과 염소보다 시기적으로 늦게 가축이 되었습니다. 아마도 선토기 신석기시대 B기 말 또는 토기를 발명한 토기 신석기시대의 초기일 것이라고 하는데, 대강 기원전 6400년경으로 추정합니다.

젖 짜기는 언제부터?

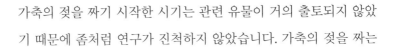

가축의 젖을 짜기 시작한 시기는 관련 유물이 거의 출토되지 않았기 때문에 좀처럼 연구가 진척하지 않았습니다. 가축의 젖을 짜는

데 필요한 도구는 기껏해야 젖을 담는 용기 정도일 텐데, 용기로 쓰였을 법한 물품이 가죽 주머니 같은 것이라서 오늘날까지 남아 있기 어렵습니다. 이렇듯 젖 짜기에 대한 고고학적 검증이 어려운 상황이기 때문에 그 기원을 추정하기 위해 도상 분석, 토기 분석, 유기 화학적 분석을 시도해 왔습니다.

도상 분석

우선 가장 알아보기 쉬운 사료가 프리즈frieze나 인장印章에 새겨진 도상입니다. 프리즈란 서양 고전 건축에서 궁전 등 건물을 떠받치는 기둥의 상부에 수평으로 회화나 조각 장식을 넣은 부분을 말합니다. 인장은 돌 따위에 문자나 상징을 조각해 공문서를 증명하거나 소유자를 명확하게 밝히는 용도로 찍어 두는 표식입니다. 고대 메소포타미아의 프리즈와 인장에는 다양한 그림이 담겨 있는데, 이 그림을 통해 많은 정보를 얻을 수 있습니다.

42쪽 그림 (1)의 프리즈에는 소의 뒷다리 사이에서 젖을 짜는 광경(오른쪽)이 또렷하게 그려져 있습니다. 송아지를 어미 소 얼굴 가까이에 끈으로 붙들어 매어 놓은 모습이 흥미로운데, 아마도 새끼를 이용한 최유를 표현한 것으로 보입니다. 또 유가공 공정으로 추정되는 장면(왼쪽)도 표현해 놓았습니다. 버터를 만드는지 항아리를 흔들고, 유제품을 분리하고, 저장해 놓은 유제품을 항아리에서 꺼내는 듯한 모습이 순차적으로 담겨 있습니다.

그림 (2)의 원통 인장에는 따로 떨어져 있는 어미 소 무리와 송아지 무리, 그리고 송아지 무리 가까이에 놓인 항아리들이 그려져

(1) 이라크 남부의 우바이드(Ubaid) 유적에서 출토한 프리즈(기원전 3000년대 중기)

(2) 우루크(Uruk) 유적에서 출토한 원통 인장(기원전 4000년대 후기)

가축의 젖을 이용한 증거가 되는 도상학적 자료
출처: Gouin(1993); 三宅(1996)

있습니다. 젖을 짜기 위해 어미와 새끼를 분리하고 젖을 담을 용기를 준비해 둔 것으로 보입니다. 인장을 통해 이 시대에 이미 젖 짜기가 이루어지고 있었다는 것을 알 수 있습니다.

도상 자료는 시각적으로 이해하기 쉽고, 당시 젖 짜기가 이루어졌는지 여부를 검토하는 데 아주 유효한 정보를 제공해 줍니다. 도상학적으로 접근한 결과, 적어도 기원전 4000년대(4000년~3001년) 후기에는 가축의 젖을 짜서 이용했다는 것이 드러났습니다. 그러나 안타깝게도 젖 짜기가 언제 처음으로 시작되었는지는 도상 자료 분석으로 알 수 없습니다.

토기 분석

토기 분석

아래 사진 (1)에 보이는 토기는 옆면에 작은 구멍이 무수히 뚫려 있을 뿐만 아니라 밑바닥에는 커다란 구멍이 뚫려 있습니다. 이 토기는 신석기시대에 유럽에서 이용한 치즈의 탈수 용기(사진 (2))와 매우 유사합니다. 이를 통해 기원전 6000년대(6000년~5001년) 후반에 서아시아에서 가축의 젖을 짜고 가공했다는 것이 알려졌습니다.

토기 분석의 결점은 토기의 용도를 추측할 수는 있지만 확실하게 증명하기 어렵다는 점입니다. 가능성이 높다고 하더라도 첫 번째 사진의 토기가 실제로 치즈를 탈수하는 데 쓰였는지 아닌지는 단정할 수 없습니다. 토기를 분석할 때는 잘못 해석해 버릴 위험성을 주의해야 합니다.

토기 분석을 통해서도 가축의 젖을 짜고 이용하기 시작한 첫 시기를 밝혀낼 수는 없습니다. 적어도 그 시기에 유가공이 이미 시작되었을 것이라고만 이야기할 수 있지요. 본격적으로 가축을

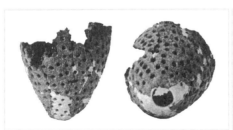

[1] 터키 아나톨리아 남동부의 차외뉘(Çayönü) 유적에서 출토(기원전 6000년대 후기)

[2] 유럽의 신석기시대 유적에서 출토

치즈 제조에 쓰인 것으로 추정되는 용기
출처: 三宅(1996); Bogucki(1984); Jürgen(1978~1979); Salque et al.(2013)

기르기 시작하고 유목민이 출현한 기원전 7500~7300년경과는 아직 2,000년 정도 시간적 간극이 있습니다. 그러나 앞에서도 이야기했듯이 동물을 가축화한 시기와 가축의 젖을 짜고 이용하기 시작한 시기는 그다지 간격이 벌어지지 않으리라고 추측됩니다. 따라서 도상이나 토기 분석이 아닌 새로운 수법을 찾아야 합니다.

유기 화학적 분석

최근 각광을 받기 시작한 것이 유기 화학적 접근입니다. 영국의 유기화학자 리처드 에버셰드Richard Evershed가 중심이 되어 토기에 붙어 있는 유기물을 추출하고 '안정동위원소 분석'이라는 방법으로 거기에 포함된 지방산을 분석해 젖의 지방산과 그 밖의 지방산을 판별해 냈습니다. 동위원소란 원자번호(양성자 수)가 같고 질량수(양성자와 중성자 수의 합)가 다른 물질을 말하는데, 그중에서 오랜 기간에 걸쳐 질량수에 변화가 생기지 않는 것이 안정동위원소입니다. 안정동위원소의 함유 비율은 종이나 신체 부위에 따라 약간씩 다른데, 학자들이 그 미묘한 차이를 눈여겨봤습니다. 1998년 지방산의 안정동위원소를 분석해 젖의 지방산과 가축의 체지방산을 분별할 수 있다는 보고가 나오자 세계가 주목했습니다. 이 수법을 활용하면 도상이나 토기를 분석할 필요 없이 토기에서 약간의 유기물만 채취함으로써 당시에 가축의 젖을 이용했는지 여부를 판단할 수 있습니다.

에버셰드는 10년이라는 세월 동안 서아시아와 그 주변 지역의 유적 스무 곳에서 출토한 2,200개의 토기를 모아 거기 붙어 있는 유기물의 지방산과 안정동위원소를 분석했습니다. 그 결과, 가축의 젖을 이용하기 시작한 것이 적어도 기원전 7000~6001년 사이라는 결과를 발표했습니다. 에버셰드 등의 연구 성과에 의해 젖을 짜고 이용하기 시작한 시기가 기원전 7000년대까지 거슬러 올라갔습니다. 유목민이 출현했다는 기원전 7500~7300년경에 조금 못 미치는 시기까지 다가간 것입니다.

조금 더 시간적 간극을 좁히고 '인류와 젖의 1만 년 역사'에 바싹 다가가도록 지방산의 안정동위원소 분석뿐만 아니라 젖에만 함유된 유기물을 지표로 삼는 새로운 유기 화학적 분석법이 개발되기를 기대해 봅니다. 토기가 아닌 다른 것도 분석해야 합니다. 앞으로 젖 짜기에 관한 연구는 새로운 유기적 수법과 민족고고학적 조사를 받아들여 다각적으로 진행할 필요가 있습니다.

유제품의 정의

앞으로 유제품과 관련한 학술 용어들을 책에서 다루게 될 것이므로, 다양한 용어들을 46쪽에 표로 정리했습니다. 특히 치즈의 경우에는 유목민이 만드는 다양한 치즈를 반영하기 위해 직접 정의했습니다.

가축에게서 짜낸 그대로의 젖을 생유, 생유를 가열 살균한 것을 살균유라고 부릅니다. 책에서 생유나 살균유를 특별히 구별할 필요가 없는 경우에는 젖 또는 밀크로 부르겠습니다. 요구르트는 우리에게 친근한 단어지요. 주로 유산균으로 발효시킨 발효유를 가리키는 요구르트는 원래 터키어 계통의 고유명사이기 때문에

유제품	정의
생유(生乳)	가공하지 않은 그대로의 젖.
(가열)살균유	생유를 가열해 세균 등 미생물을 없앤 것.
요구르트	유산균을 이용해 발효시킨 호상(糊狀, 풀 같은 상태) 또는 액상의 발효유. 보존성이 충분하지 않다. 학술 용어로는 산유(酸乳)라고 한다.
유주(乳酒)	유산균과 효모에 의해 젖산발효와 알코올발효가 진행된 발효유. 알코올 도수는 1~2퍼센트로, 젖당 함량이 높은 말젖을 주로 이용한다. 증류할 때도 있다.
치즈	젖으로 만든 고형 유제품으로, 탈수 처리해 단백질 함량이 높고 보존성이 뛰어나다. 숙성형과 비숙성형이 있다.
크림	정치법(靜置法)* 또는 원심법(遠心法)**으로 비중의 차이를 이용해 유지방을 주로 모은 유제품.
탈지유 (skim milk)	젖에서 유지방을 대부분 제거하고 남은 부분.
버터	젖이 든 용기를 흔들거나 요구르트 또는 크림의 재료를 휘저어 섞어 유지방을 주로 모아 응고시킨 유제품.
버터기름	버터 또는 크림을 가열해 유지방 이외의 성분(주로 수분)을 제거한 유제품.
버터밀크	요구르트 또는 크림으로 버터를 제조할 때 분리된 액체 부분.
유청(乳淸)	치즈를 제조할 때 분리된 액체 부분으로, 주로 유청 단백질, 젖당, 무기질을 포함한다.

학술 용어로는 산유라고 합니다. 책에서는 산유보다 익숙한 요구르트라는 단어를 쓰려고 합니다. 젖을 발효시켜 만든 술은 유주라고 합니다. 실제로 마셔 보면 신맛이 무척 강합니다. 버터기름은

*   흔들거나 휘저어 섞지 않고 가만히 두어 비중이 가벼운 지방 입자가 위로 떠올라 층을 만들면 떠내는 방법.
**   회전에 의한 원심력을 이용해 밀도가 다른 성분을 분리하는 방법.

앞에서도 나왔지만 버터를 가열 처리해서 유지방의 순도를 높인 유제품입니다.

이 가운데 정의하기 어려운 것이 치즈입니다. 우리가 흔히 먹는 치즈는 곰팡이 등으로 숙성시킨 서구식 치즈입니다. 예컨대 카망베르camembert 치즈는 흰 곰팡이로 숙성시킵니다. 그런데 서아시아 등지의 유목민은 치즈를 숙성시키지 않고 딱딱하게 말려 장기간 보존합니다. 숙성시키지 않아도 훌륭한 치즈입니다. 이렇게 숙성 여부에 상관없이 가공하여 단백질 함량과 보존성을 높인 유제품을 포괄해 치즈라고 부를 수 있습니다.

젖 성분의 과학

유가공을 이해하기 위해서는 과학적인 기초 지식이 아주 중요합니다. 과학 이야기는 쉽지 않지만 꼭 필요한 내용이니 인내심을 조금만 발휘해 주시기 바랍니다.

젖에는 수분이 87.7퍼센트나 들어 있습니다. 실로 젖 성분 가운데 대부분이 수분입니다. 고형 성분 12.3퍼센트 중에는 지질脂質이 3.8퍼센트, 단백질이 3.0퍼센트, 당질이 4.4퍼센트 등 3대 영양소가 골고루 들어 있습니다. 지질은 거의 트라이글리세라이드triglyceride입니다. 트라이글리세라이드는 글리세린에 세 가지 지방산이 결합한 지방질을 말하는데, 우리 몸에 쌓이는 지방이나 소고기의 흰 비곗살을 이루는 주요 성분입니다. 크림, 버터, 버터기름의 주성분이기도 합니다.

단백질 가운데 2.3퍼센트는 카세인casein, 0.7퍼센트가 유청 단

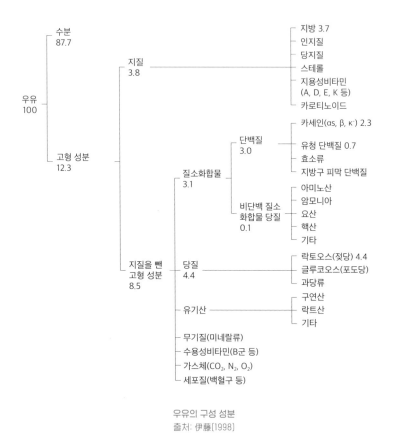

			지방 3.7
			인지질
		지질	당지질
		3.8	스테롤
			지용성비타민 (A, D, E, K 등)
			카로티노이드
			카세인(αs, β, κ⁻) 2.3 → 카세인(αs, β, κ^-) 2.3

우유의 구성 성분
출처: 伊藤(1998)

백질이라고 부르는 젖 특유의 단백질로 이루어져 있습니다. 카세인은 '열에 안정적이고, 섭씨 20도에 pH 4.6일 때 탈지유에 침전하는 단백질'입니다. 즉 열에는 강하지만 산도가 강해지면 녹지 않고 가라앉는 젖 속 단백질입니다. 치즈의 주요한 성분이기도 합니다. 카세인은 대부분 작은 집합체를 만들어 젖 속을 떠다닙니다. 이 작은 집합체를 가리켜 미셀micelle이라고 부릅니다. 크기는 약 150나노미터nm입니다. 1나노미터는 1미터의 10억분의 1을 가리키는 단위이므로 카세인 미셀은 지극히 작은 집합체입니다. 하위 미셀이 1,000개쯤 모여 하나의 카세인 미셀을 이룹니다. 젖이

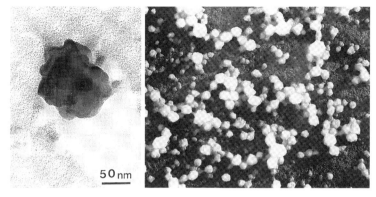

전자현미경으로 본 카세인 미셀. 왼쪽은 하나의 입자, 오른쪽은 여러 개의 입자를 찍은 것이다. 카세인 미셀은 본래 하얗지만(오른쪽), 전자현미경으로는 거무스름하게 찍힌다(왼쪽).
촬영: 왼쪽 伊藤敞敏; 오른쪽 木村利昭

계속 흰색을 유지하는 까닭은 미세한 카세인 미셀 입자들이 침전하지 않고 콜로이드colloid* 상태로 분산해 있기 때문입니다.

　치즈의 가공을 이해하기 위해서는 카세인의 구조도 알아 둘 필요가 있습니다. 카세인은 알파에스 카세인, 베타 카세인, 카파 카세인으로 이루어져 있습니다. 알파에스 카세인과 베타 카세인은 소수성疏水性(물과 섞이기 어려운 성질)으로 하위 미셀의 내부에 있고, 카파 카세인은 친수성親水性(물과 섞이기 쉬운 성질)으로 하위 미셀의 바깥(표면)에 주로 있는 단백질입니다. 하위 미셀들은 인燐과 칼슘을 매개로 한 정전기적 결합(이온결합)을 통해 서로 이어져 있습니다. 카세인이 이온결합으로 이어져 있는 곳이 치즈 가공의 핵심입니다.

　한편, 유청 단백질은 '열에 불안정하고 수용성이며 pH 4.6일 때 침전하지 않고 위에 뜨는 맑은 액체(유청)에 포함된 단백질의

---

*　　현미경으로 볼 수는 없으나 원자나 저분자보다는 큰 물질의 입자가 용액
속에 분산해 있는 상태.

[1] 카세인 미셀의 구조

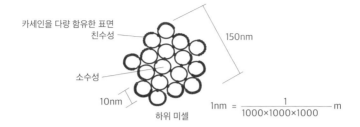

카세인을 다량 함유한 표면
친수성

소수성

10nm

하위 미셀

150nm

$1nm = \dfrac{1}{1000 \times 1000 \times 1000}\ m$

[2] 하위 미셀 간의 결합

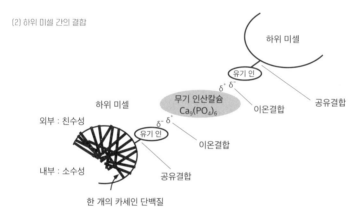

하위 미셀

유기 인

무기 인산칼슘
$Ca_9(PO_4)_6$

δ^+ δ^-

이온결합

공유결합

하위 미셀

외부 : 친수성

유기 인

δ^- δ^+

이온결합

내부 : 소수성

공유결합

한 개의 카세인 단백질

카세인 미셀의 구조와 하위 미셀 간의 결합

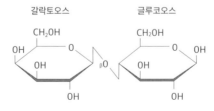

갈락토오스

글루코오스

CH_2OH

CH_2OH

OH

O

O

OH

OH

$_\beta O$

OH

OH

OH

젖당의 구조

총칭'이라고 정의합니다. 치즈를 가공할 때 유청이라고 부르는 노르스름한 물이 나옵니다. 그 수용액에 녹아 있는 단백질이 유청 단백질입니다. 면역글로불린 등 항염증 작용을 하는 기능성 단백질이 대량으로 들어 있습니다.

4.4퍼센트의 당질 대부분은 락토오스(젖당)으로 이루어집니다. 락토오스는 갈락토오스와 글루코오스(포도당)로 이루어진 이당류입니다. 젖당은 척추동물 가운데 포유류의 젖에만 들어 있는 특수한 당질로, 우유 성분 가운데 가장 많은 물질입니다. 어린이의 소장小腸에서 생산과 분비가 이루어지는 소화효소(락타아제)에 의해 분해되고 흡수되어 중요한 영양원이 됩니다. 그런데 대다수 사람들은 어른이 되면 소장에서 젖당을 분해하는 효소의 생산과 분비, 젖당의 분해가 원활하게 이루어지지 않습니다. 이 때문에 어른이 되어 우유 등 밀크류를 먹으면 배가 부글거립니다. 소화되지 않은 젖당이 소장과 대장에 있는 미생물에 의해 발효되면서 수소 가스 등이 발생하기 때문입니다. 또 소장에서 젖당을 분해하거나 흡수하지 못하고 대장으로 내려보내면 젖당이 대장의 수분 흡수를 방해합니다. 그로 인해 설사를 일으키고 말지요. 어른이 되어 젖당을 분해하지 못해서 생기는 증상을 젖당 불내증不耐症(유당분해효소결핍증)이라고 합니다.

성체가 젖을 먹고 탈이 나는 것은 진화의 과정에서 보면 정상입니다. 젖은 어디까지나 새끼를 위해 어미가 내주는 영양소일 뿐 성체를 위한 물질이 아닙니다. 거꾸로 성체의 접근을 차단하고 새끼만 이용할 수 있도록 진화한 먹을거리입니다. 그러니 어른이 우유를 먹고 설사하는 것은 오히려 자연스러운 생리 현상이라고 할 수 있습니다.

	에너지(kcal)	지방(g)	단백질(g)	젖당(g)
사람	72	4.5	0.9	7.1
소	66	3.9	3.2	4.6
물소	101	7.4	3.8	4.8
염소	70	4.5	3.2	4.3
양	82	7.2	4.6	4.8
말	52	1.9	2.5	6.2
낙타	70	4.0	3.6	5.0
야크	100	6.5	5.8	4.6
순록	214	18.0	10.1	2.8

젖 성분은 동물에 따라 상당히 다릅니다. 소젖은 유지방 함유율이 3.9퍼센트이고 물소젖은 유지방 함유율이 7.4퍼센트입니다. 양젖은 유지방 함유율이 7.2퍼센트로 높기 때문에 대다수 유목민은 소젖보다 양젖을 선호합니다. 말젖은 지방과 단백질 함량이 낮은 대신 젖당의 함유율이 6.2퍼센트로 높습니다. 젖당 함량이 높은 말젖으로는 유주乳酒를 만들지요. 젖산발효든 알코올발효든 미생물은 젖당을 바탕으로 발효하기 때문입니다. 알코올발효가 쉽고 지방과 단백질의 함량이 낮기 때문에, 무르익은 마유주는 목넘김이 깔끔합니다. 한편 지방 함유율이 높은 야크젖은 티베트 고지대 사람들에게 무척 소중한 먹을거리입니다.

새끼는 어미의 젖만 먹고 자랍니다. 사실 어미의 젖에는 새끼에게 필요한 비타민 D와 철분이 부족합니다. 그러나 햇볕을 쬐면 체내(피부)의 7-데히드로콜레스테롤(프로비타민 D3)로부터 비타민

D를 합성해 부족분을 채울 수 있습니다. 또 철분은 갓 태어난 새끼의 간에 저장되어 있습니다. 한마디로 새끼에게 있어 어미의 젖은 조건부 완전 영양식(성장이나 건강 유지에 필요한 영양소를 전부 함유한 음식)입니다. 이렇듯 젖은 영양학적으로 아주 뛰어난 먹을거리입니다.

유가공의 과학

유목민은 가축의 젖을 가공해 버터나 치즈를 만듭니다. 성분의 측면에서 보면, 유가공은 젖의 지질과 단백질을 분리하고 젖당을 배제하는 과정이라고 할 수 있습니다. 다만 젖당은 젖산발효를 통해 요구르트를 만들거나 알코올발효로 술을 만들어 이용하기도 합니다. 유가공 기술은 유목민에 따라 다양하게 발달했지만 그 기본적인 방법과 목적은 동일합니다. 유목민의 유가공에 대한 이해를 돕기 위해 과학적인 부분을 설명해 두겠습니다.

지방구脂肪球 피막에 싸여 있는 유지방은 크기가 평균 3마이크

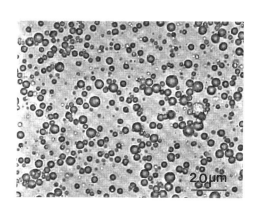

광학현미경으로 촬영한 우유 속 지방구. 촬영: 戶羽隆宏

지방구 피막
(단백질 44%, 지질 55%)

지방

0.1~10㎛(평균 3㎛)

지방구

[2] 크림 제조

가만히 두기(정치)

지방구는 젖 속에 유탁질(乳濁質)
형태로 분산되어 있다.

지방구는 비중이 작기
때문에 떠오른다.

[3] 버터 제조

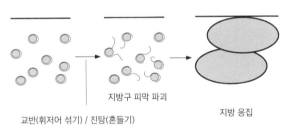

지방구 피막 파괴

지방 응집

교반(휘저어 섞기) / 진탕(혼들기)

크림과 버터 제조

로미터㎛ 정도이고 모양은 작은 공 같습니다. 1마이크로미터는
1미터의 100만분의 1입니다. 지방은 비중이 작기 때문에 그릇에
생유를 담아 가만히 놓아두면(정치) 표면으로 떠오릅니다. 이것을
걷어 낸 것이 크림입니다. 그러므로 유목민이 크림을 추출할 때는
젖을 가만히 놓아둘 시간이 반드시 필요합니다. 또 휘저어 섞거
나(교반攪拌) 용기를 흔들어(진탕振盪) 지방구 피막을 파괴함으로써
내부의 지방을 방출시킨 다음 지방만 모은 것이 버터입니다. 크림

[1] 산에 의한 카세인 단백질의 응고

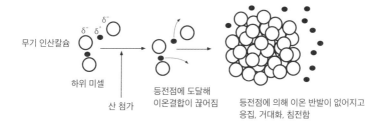

무기 인산칼슘

하위 미셀

산 첨가

등전점에 도달해
이온결합이 끊어짐

등전점에 의해 이온 반발이 없어지고
응집, 거대화, 침전함

[2] 레닛 처리에 의한 카세인 단백질의 응고

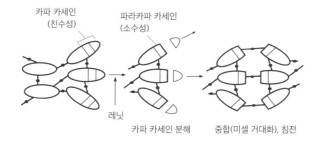

카파 카세인
(친수성)

파라카파 카세인
(소수성)

레닛

카파 카세인 분해

중합(미셀 거대화), 침전

치즈 제조

과 버터는 유지방의 형태가 다릅니다. 현장에 나가면 유목민이 버터를 만들기 위해 가죽 부대에 젖을 담아 흔들거나 나무 막대기로 두드리는 모습을 자주 목격합니다. 이는 지방구 피막을 파괴하는 작업이지요.

한편, 치즈 제조는 카세인의 구조와 밀접하게 관련됩니다. 앞에서 카세인은 칼슘과 인을 매개로 카세인 미셀이 정전기적 이온 결합을 이룬 것이라고 설명했습니다. 요구르트나 유기물을 더해 pH를 4.6 전후로 내려 주면 정전기적인 결합이 끊어집니다. 그러면 소수성인 카세인 미셀이 물과 균일하게 섞이지 않고 저희끼리 응집합니다. 그렇게 형성된 거대한 덩어리가 제 무게로 인해 응고합니다. 이것을 등전점等電點 응고라고 부릅니다. 이때 가열하면 대체로 응고가 촉진됩니다. 일본 낙농가에서 소젖에 식초를 넣어 우유 두부를 만드는 원리도 등전점 응고입니다. 앞서 카세인의 정의를 설명할 때 산도가 높아지면 침전한다고 한 것이 이 이야기입니다. 젖은 안정적인 듯 보이지만 사소한 요소로도 불안정해지는 물질입니다.

그리고 응고제를 첨가해 치즈를 만드는 방법이 중요합니다. 유목민은 주로 새끼 가축의 주름위(제4위) 점막에서 활발하게 합성되는 응유효소인 레닛rennet을 응고제로 이용합니다. 응유효소는 카세인 미셀의 가장 바깥에 있는 카파 카세인을 분해합니다. 분해한 카파 카세인을 파라카파 카세인para-κ-casein이라고 부릅니다. 파라카파 카세인은 소수성이기 때문에 그대로 두면 물에 반발을 일으켜 안정적일 수 없습니다. 그래서 인을 매개로 파라카파 카세인을 중합重合해 카세인 미셀끼리 이어 줍니다. 거대화한 카세인 단백질은 자신의 무게로 인해 응고해 버리는데, 이것을 커드curd라고 부릅니다. 같은 치즈를 만들더라도 pH를 낮추어 정전기적인 이온결합을 끊을 것인지, 효소를 이용해 카세인의 일부를 분해할 것인지에 따라 원리가 아주 달라집니다.

이와 같은 젖 성분의 구조와 가공 원리 등을 파악해 두면 유목민의 젖 문화를 이해하는 데 상당히 도움이 됩니다. 현장에서 관찰해 보면 유목민이 젖을 이용하는 방식을 이해하기 어려울 때가 많습니다. 그들은 대단히 독창적인 방법을 이용하기도 하지요. 젖에 관한 과학적 지식을 갖추고 있으면 독특한 가공이나 난해한 공정도 어느 정도 파악할 수 있습니다. 모든 유가공 기술에는 의미가 있다는 것을 알 수 있을 것입니다.

하나의 유제품에서 또 다른 유제품으로

또 하나 중요한 것이 있습니다. 유목민들이 만드는 유제품은 그다음 유제품으로 연결된다는 사실입니다. 예컨대 가축의 젖으로 요구르트를 만들고 그 요구르트에서 버터를 추출하는 식입니다. 이러한 유제품의 연쇄를 일찍이 깨달은 학자가 앞서 소개한 우메사오 다다오입니다. 그는 "유가공의 연쇄를 모른다면 몽골 유제품을 제대로 이해할 수 없다"면서 유가공의 전체상을 체계적으로 파악해야 한다고 주장했습니다. 확실히 '유가공의 연쇄'라는 틀로 서아시아나 북아시아의 유제품을 파악하면 그 차이와 특징은 물론 유가공 기술이 발달해 온 역사가 한눈에 들어옵니다. 유제품을 체계적으로 인식해야 한다는 우메사오 다다오의 관점은 유목민의 젖 문화를 고찰하는 데 매우 중요합니다.

그가 제창한 유가공 체계를 세계 각지의 유가공에 구체적으로 적용해 어떠한 연쇄가 성립하는지를 조사한 사람이 민족식물학자 나카오 사스케(中尾佐助)입니다. 그는 인도, 중앙아시아, 서아시아, 아프리카, 서구의 유가공을 분석해 네 가지 계열로 정리했습니다. ①산유 계열군(이 책에서는 발효유 계열군이라고 하겠습니다) ②크림 분리 계열군 ③응고제 사용 계열군 ④가열 농축 계열군이 그것입니다. 우선 발효유 계열군이란 생유를 발효유인 요구르트로 만들어 그로부터 버터나 치즈의 가공으로 연결해 나가는 계열을 가리킵니다. 크림 분리 계열군은 일단 크림을 채취한 다음 버터나 탈지유 가공으로 이어 가는 계열입니다. 응고제 사용 계열군은 생유에 응고제를 넣어 치즈를 만드는 계열, 가열 농축 계열군은 생유를 가열해 농축하는 계열입니다. 나카오 사스케의 네 가

57

지 모델을 이용하면 전 세계 유가공을 훌륭하게 정리할 수 있습니다. 나아가 여러 민족의 다양한 유가공 기술에 대해서도 비교 검토할 수 있습니다. 이 책에서도 네 가지 유가공의 체계와 계열군 분석법을 활용해 이야기를 전개하려고 합니다.

자, 이제 현지 조사에 나가도 될 만큼 젖 문화의 기초 지식을 마련했습니다. 인류가 가축의 젖을 이용해 온 1만 년의 역사를 풀어 나갈 본보기와 표준도 준비해 놓았습니다. 3장부터는 서아시아를 시작으로 유가공 체계의 구체적인 사례를 살펴봅시다.

3장

건조 지대에서 시작된 젖 문화

방목지에서 점심으로 넓적하게 구운 빵, 차와 설탕, 그리고 요구르트를 먹는 아랍계 유목민 목동

가축의 젖 짜기는 약 1만 년 전부터 서아시아에서 시작했습니다. 그리고 젖을 가공해 유제품을 이용하는 일도 서아시아에서 시작했지요. 서아시아의 유가공 기술이 주변 지역으로 전해졌고, 전 세계 유가공의 토대가 되었습니다. 지금도 서아시아 유목민을 통해 유가공의 원형이 전해지고 있습니다.

3장에서는 청년해외협력대원으로 활동하는 3년 동안 함께 생활한 시리아 내륙 지역의 아랍계 유목민 바가라족Baggara 사례를 통해 서아시아의 젖 문화를 소개하겠습니다. 인류가 서아시아에서 거의 1만 년 동안 만들어 온 유제품은 대체 어떤 것일까요?

덥고 건조한 땅

서쪽 터키에서 동쪽 아프가니스탄까지, 북쪽 터키에서 남쪽 아라비아반도까지를 포괄하는 지역을 서아시아라고 합니다.

서아시아는 건조합니다. 바가라 유목민이 사는 시리아 내륙의 압둘아지즈Abdulaziz산 지역은 연간 강수량이 300밀리미터도 안 됩니다. 밀은 재배할 수 없고 건조한 기후에 강한 보리 등을 키울 수 있을 뿐입니다. 더욱이 우기와 건기가 나뉘어 있는데, 여름의 더운 건기에는 비가 한 방울도 내리지 않아 농업에 심한 타격을 입습니다. 농작물은 주로 가을부터 봄에 걸친 우기에 재배합니다. 농작물 재배에 적합하지 않은 땅이기 때문에 초원에서 저절로 자라는 식물을 이용해 가축을 기르며 가축에 의존하는 목축 생활양식이 1만 년 동안 발달해 왔습니다.

바가라족은 주로 양과 염소를 사육해 생활을 꾸려 나갑니다.

정장 차림의 바가라족. 특히 여성들의 복장이 화려하고 우아하다. 혹독한 환경에서 살아가면서도 옷을 차려입는 걸 즐긴다.

양과 염소가 소에 비해 고온 건조한 환경을 더 잘 견디기 때문입니다. 이들은 양과 염소의 젖으로 만든 유제품을 먹으며 살아가는데, 축제를 벌이거나 친구가 찾아오는 특별한 날에는 수컷 양과 염소를 잡아 고기를 먹습니다. 바가라족은 이슬람교도이기 때문에 가축을 도살하기 전에 반드시 신에게 기도를 올립니다. 수컷은 대부분 반년쯤 지나면 가까운 시장에 내다 팝니다. 가축과 유제품을 팔아 벌어들인 돈으로 차, 밀가루, 옷 등 생활필수품을 조달합니다. 근교의 농촌이나 도시에 크게 의존하며 살아가는 것이 서아시아 유목민의 특징입니다.

위의 사진에는 정장을 차려입은 바가라족 사람들의 모습이 담겨 있습니다. 물론 평소에는 더러워져도 괜찮은 소박한 차림새입니다. 여성은 얼굴에 문신을 새기는 것이 특징적이며, 남녀 모두 머리에 두건을 두르고 온몸을 덮는 옷을 입습니다. 덥지 않을까 의아하지만, 건조한 탓에 직사광선을 피하면 의외로 선선하게 지낼 수 있습니다. 그들은 계절에 따라 우기와 건기에 맞추어 양과 염소를 데리고 장거리를 이동하기 때문에 필요한 최소한의 물자만으로 생활해 나가고 있습니다. 융단, 냄비, 가죽 부대, 식품, 그리고 처소인 천막집 등입니다. 서아시아의 유목민은 냄비와 가죽 부대 같은 단순한 도구로 젖을 가공해 왔습니다.

생유를 마시지 않는 바가라족

갓 짜낸 젖에는 양과 염소의 털이나 땡글땡글한 똥이 적잖이 섞여 있습니다. 양과 염소는 뒷다리 사이로 손을 넣어 젖을 짜기 때문에 어쩔 수 없이 가축의 배설물이 섞여 들어가기도 합니다. 바가라족 사람들은 그 모습을 보고도 태연하게 생글생글 웃습니다. 촘촘하게 엮은 체로 젖을 거른 다음 끓여서 살균하지요. 예전에는 가축의 똥이나 들판에서 채집한 관목을 땔감으로 사용했지만, 지금은 유목민에게도 프로판가스가 널리 보급되었습니다.

바가라족과 함께 생활해 보면 그들이 젖을 그대로는 거의 마시지 않는다는 것을 알 수 있습니다. 홍차나 커피에 넣어 마시지도 않고, 기껏해야 쌀과 함께 바짝 조려서 유죽乳粥을 만드는 정도입니다. 젖을 짜는 계절이면 그들은 매일 남아돌 만큼 대량의 젖을 얻습니다. 그것을 요구르트 등으로 가공해 평상시에 먹을 뿐 아니라 젖을 짤 수 없는 시기를 대비해 보존식품으로 만들어 둡니다. 젖을 그대로 마시거나 식사로 대용하지 않는 이유는 더 많은 보존

63

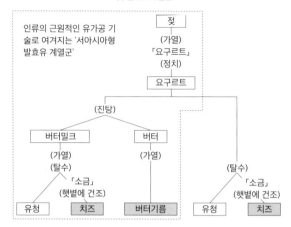

[1] 발효유 계열군

인류의 근원적인 유가공 기술로 여겨지는 '서아시아형 발효유 계열군'

젖
(가열)
「요구르트」
(정치)
요구르트
(진탕)

버터밀크
(가열)
(탈수)
「소금」
(햇볕에 건조)
유청 / 치즈

버터
(가열)
버터기름

(탈수)
「소금」
(햇볕에 건조)
유청 / 치즈

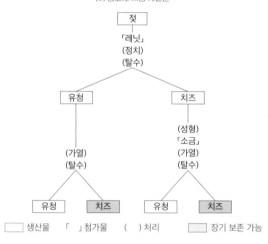

[2] 응고제 사용 계열군

젖
「레닛」
(정치)
(탈수)

유청
(가열)
(탈수)
유청 / 치즈

치즈
(성형)
「소금」
(가열)
(탈수)
유청 / 치즈

생산물   「 」첨가물   ( ) 처리   장기 보존 가능

시리아 내륙 지역에 사는 아랍계 유목민의 유가공 기술

용 유제품을 만들기 위해서입니다. 또한 앞에서 말했듯이 대부분의 성인은 젖당을 소화효소로 분해할 수 없기 때문이기도 할 것입니다.

바가라족은 젖을 가열 살균한 뒤에 발효시켜 요구르트를 만듭니다. 그리고 요구르트에서 버터기름이나 치즈를 가공하는 발효

아랍계 유목민의 방목. 목부가 당나귀를 타고 양과 염소 무리를 더 좋은 곳으로 이끈다.

유 계열군, 또는 가열하지 않은 채 레닛(가축의 주름위)을 첨가해 치즈를 만드는 응고제 사용 계열군의 기술을 사용합니다. 실제로 서아시아에서는 이 두 가지 계열의 유가공 기술이 널리 쓰이고 있습니다. 둘 다 소박한 가공 기술이지만, 단백질과 지방을 분리해 장기 보존이 가능하도록 만듭니다. 인류의 근원적인 유가공 기술은 발효유 계열군입니다.

함께 크는 목동과 길잡이 양

유목민은 계절의 변화에 따라 양과 염소 무리를 더욱 좋은 초원으로 데려갑니다. 목부는 보통 열 살 때부터 일을 시작해 결혼하고 이십대가 되면 은퇴하기도 합니다. 사실 목부는 대부분 어린이, 즉 목동입니다. 양과 염소의 무리를 제대로 방목할 수 있는 목부가 되면 결혼해 당당히 가정을 꾸릴 자격이 주어지는 것이므로 목동들은 되도록 빨리 제 몫을 해내는 어른이 되려고 합니다.

　12쪽 사진의 베두인족 목동들은 아직 천진난만한 티가 역력하지만, 목부로서 당당하게 가슴을 펴고 있습니다. 목동들은 가축의 무리를 잘 유도하기 위해 특별한 양을 준비합니다. 바로 사진의 오른쪽에 보이는 길잡이 양입니다. 길잡이 양은 목동이 부르면 맨 처음 달려오는 양입니다. 그 뒤를 따라 다른 양들도 움직이기 때문에 길잡이 양이라고 부릅니다. 길잡이 양에게는 큼직한 종을 매달아 주고 '미루야'miruya라는 특별한 이름도 지어 줍니다. 길잡이 양이 있기 때문에 양의 무리를 순조롭게 관리할 수 있습니다. 목동은 결혼과 가정이라는 꿈을 품고 초원을 열심히 뛰어다니며 길잡이 양과 더불어 성장합니다.

생유에서 요구르트로

바가라족은 가축의 젖을 짜서 우선 요구르트로 가공합니다. 맨 처음 요구르트로 가공하는 것이 서아시아 유가공의 특징입니다. 여름에는 땡볕이 내리쬐어 50도 가까이 올라가기 때문에 영양이 풍부한 젖을 그대로 두면 금세 미생물이 번식해 부패하고 맙니다. 기온이 높은 환경에서는 젖의 보존성을 높이는 일이 가장 중요합니다. 서아시아에서는 젖산발효를 이용해 요구르트를 만드는 것이 젖을 보존하는 수법입니다. 요구르트로 만들기만 하면 상온에 며칠 그대로 두어도 상하지 않을 만큼 보존성이 단연 높아집니다. 요구르트는 유산균이 우선적으로 번식하고 젖산발효에 의해 산

요구르트, 버터, 버터기름, 설탕, 넓적하게 구운 빵 등으로 차린 유목민의 식사

성화되어 다른 부패균이나 잡균이 번식하기 어렵기 때문에 생유보다는 오래 보존할 수 있습니다. 젖을 우선 요구르트로 만들어 두는 것은 유목민의 유가공에 자연환경이 지대한 영향을 미친다는 사실을 보여 줍니다.

　요구르트를 만드는 방법은 아주 간단합니다. 생유를 가열해 살균하고 가만히 두었다가 사람 체온까지 온도가 내려가면 미리 남겨 둔 요구르트를 소량 넣고 젖산발효를 촉진합니다. 초봄이라면 보온을 위해 두꺼운 모포를 씌워 여섯 시간쯤 가만히 두면 요구르트가 됩니다. 젖을 짜기 시작하는 계절에 첫 번째 요구르트를 만들 때에는 젖산발효를 촉진하기 위해 지난해 보관해 둔 건조 치즈를 이용합니다.

　양과 염소의 젖을 짤 수 있는 동안은 요구르트를 매일 먹습니다. 밥상에는 넓적하게 구운 빵과 요구르트, 그리고 홍차만 올라

옵니다. 바가라족은 달아오른 몸을 요구르트로 식히기도 하고, 배가 고프면 우선 요구르트로 요기를 하기도 합니다. 젖을 요구르트로 만들면 젖당 함량이 60~70퍼센트로 줄어들기 때문에 젖당 불내증을 극복하는 적절한 대책이 될 수도 있습니다.

요구르트는 그대로 매일 식사로 먹을 뿐 아니라, 남는 것은 대부분 다음에 설명할 버터기름이나 치즈를 만드는 데 사용합니다. 바가라족의 유가공은 최초 단계가 발효이고, 발효시킨 요구르트에서 다음 가공으로 전개해 나갑니다. 그렇기 때문에 이러한 유가공 계열을 발효유 계열군이라고 부릅니다.

요구르트에서 버터로

다음으로 요구르트는 버터로 가공합니다. 요구르트를 소량의 물과 함께 양가죽으로 만든 자루(부대)에 넣습니다. 가죽 부대는 양의 다리 네 군데를 끈으로 묶어 자루 모양으로 만든 것인데, 머리 부분만 자유롭게 여닫을 수 있습니다. 이것을 천장이나 삼각대에 매달아 새벽 어스름부터 손으로 흔들기 시작합니다. 바가라족은 버터 가공을 여성이 할 일로 여깁니다. 가죽 부대를 힘에 부칠 정도로 계속 흔들다 보면 미세한 지방구가 응집해 쌀알 같은 자그마한 지방 덩어리가 생깁니다. 이것을 천에 걸러 짠 것이 버터입니다. 마지막으로 가죽 부대 안에 버터가 남지 않도록 물을 넣고 좌우로 재차 흔들어 버터를 씻어 냅니다. 이렇게 흔드는 작업은 한 회에 세 시간쯤 걸립니다. 새벽 3시경, 해 뜨기 전 컴컴한 때부터 작업을 시작해 오전 내내 몇 번이나 되풀이합니다. 젖을 짜는 계

양가죽으로 만든 부대에 요구르트를 담아 흔들어 버터를 만든다.(왼쪽) 세 시간이나 걸리는 중노동이다. 이렇게 만든 버터는 가죽 자루에 넣어 보존한다.(오른쪽)

절은 풍요를 가져다주는 기쁜 시기이지만, 여성에게는 중노동에 시달려야 하는 힘든 때이기도 합니다.

바가라족에게는 냉장고가 없습니다. 버터를 보존하기 위해 작은 가죽 자루를 이용하지요. 표면에서 수분이 증발하며 기화열이 방출되므로 자루 안쪽이 실온보다 훨씬 서늘합니다. 양가죽은 버터를 만드는 도구가 되기도 하고 냉장고를 대신하기도 하는 등 다양하게 쓰이는 생활필수품입니다.

2장에서 설명한 대로, 젖 속 유지방은 지방구 피막에 싸여 있습니다. 지방구 피막을 파괴해 안에 있는 유지방을 꺼내지 않으면 버터를 만들 수 없습니다. 바가라족 여성은 지방구 피막을 파괴하기 위해 온종일 가죽 부대를 흔드는 것이지요. 얼핏 보면 의아하게 생각되어도 과학적인 배경지식이 있으면 그들의 행위를 이해할 수 있습니다.

봄이나 여름에 바가라족의 천막집을 방문하면 넓적한 빵에 설탕을 뿌려 방금 만든 버터와 함께 내줍니다. 갓 만든 발효 버터의

상큼함과 설탕의 달콤함이 조화를 이루어 정말 맛있습니다. 현상
에 나가야만 맛볼 수 있는 기쁨이지요.

버터에서 버터기름으로

버터는 일정 기간 보존할 수 있지만, 이것 역시 젖단백질 1퍼센트
와 수분 20퍼센트를 함유하기 때문에 부패하기 쉽습니다. 서아시
아의 자연환경에서는 장기 보존이 어려운 유제품이지요. 그래서
바가라족은 버터를 다시 한 번 버터기름으로 가공해 장기 보존합
니다.

 버터를 냄비에 넣어 가열하면 탁탁 빗방울이 튀는 소리가 나기
시작합니다. 이 소리가 잦아들면 버터기름은 이미 완성된 것입니
다.(92쪽 사진(오른쪽)은 인도의 사례지만 가공법은 대체로 비슷함) 버터
기름도 작은 가죽 자루에 넣어 보존합니다. 최근에는 주스 등 음
료를 담았던 페트병도 보존 용기로 쓰고 있습니다. 버터기름은 지
방의 비중이 99퍼센트로, 버터의 지방 순도를 높인 유제품이라
고 볼 수 있습니다. 가열할 때 탁탁 소리가 나는 까닭은 버터에서
수분이 증발하기 때문입니다. 냄비 바닥에는 젖단백질이 눌어붙
어 있습니다. 버터를 가공할 때 섞여 있던 불순물을 제거하기 위
해 밀 같은 것을 섞어 처리하기도 합니다. 버터기름으로 가공하면
몇 년 동안 끄떡없이 보존할 수 있습니다. 젖에서 유지방을 추출
해 장기간 보존할 수 있는 유제품을 완성한 것입니다. 정치(젖산발
효), 진탕(흔들기), 가열이라는 간단한 가공만으로 이 단계까지 올
라갔다는 점이 훌륭합니다.

바가라족 사람들은 넓적한 빵에 버터기름을 발라 먹습니다. 버터기름은 매일 식탁에 오를 뿐 아니라 모든 요리에 맛을 내는 데도 쓰입니다. 특히 겨울에 푹 조린 요리에 넣는 일이 많습니다. 버터기름은 요구르트와 더불어 유목민에게 없어서는 안 될 먹을거리입니다.

남은 버터밀크의 운명

가죽 부대 안에 요구르트를 넣어 좌우로 흔들면 요구르트는 고형의 버터와 액체인 버터밀크로 분리됩니다. 버터는 조금밖에 나오지 않기 때문에 사실 버터밀크가 대량으로 남습니다. 버터밀크에는 젖단백질이 그대로 남아 있는 만큼 헛되이 버릴 리 없습니다.

우선 버터밀크는 그대로 마십니다. 수분 보충용 음료인 셈입니다. 뜨거운 여름 한낮에 바가라 부족의 천막집을 찾아가면 이 시원한 음료를 반드시 내줍니다. 시원한 버터밀크를 마실 때마다 다시 살아나는 느낌이 들었지요. 약간 시큼하면서 지방을 뺀 만큼 산뜻하게 넘어가는 느낌이 아주 그만입니다. 건조하기 이를 데 없는 더운 땅에서 탈수로 허덕이는 몸을 적셔 갈증을 달래 줍니다. 일단 젖산발효를 시켰기 때문에 젖당 함량도 낮아 설사를 일으킬 위험도 적습니다. 이 책 머리말에 언급한 시큼한 밀크가 바로 버터밀크입니다.

그러나 대량으로 나오는 버터밀크를 매일 마시더라도 그 양은 얼마 되지 않습니다. 버터밀크 대부분을 치즈로 가공하기 때문입니다. 치즈는 숙성시키지 않고 햇볕에 건조해 딱딱하게 만드는 식으로 가공합니다. 비숙성 치즈야말로 유목민이 만드는 전형적인 치즈입니다. 유라시아 대륙의 건조 지대에서는 이것을 널리 애용하고 있습니다.

버터밀크와 요구르트로 치즈를

버터밀크를 가열하면 곧장 응고합니다. 버터밀크는 젖산발효를 거친 요구르트로 만든 것이기 때문에 pH가 낮고 젖단백질의 구조가 불안정합니다. 따라서 산도가 높아진 버터밀크는 가열하면 쉽게 응고합니다. 이 응고물을 커드(curd, 커드)라고 부릅니다. 커드는 가죽 부대에 넣어 탈수합니다. 여기서 수분이 조금 남아 있을 때 소금을 넣어 작은 새알 모양으로 만든 뒤 햇볕에 건조합니다. 이렇게 만드는 것이 바로 유목민의 식생활과 교역에 아주 중요한 치즈입니다.

바가라 유목민의 치즈는 커드를 곧바로 건조해 만드는 비숙성 치즈입니다. 빈말이라도 차마 맛있다고는 하기 힘들지요. 그렇지만 젖단백질이 꽉 들어찬 비숙성 치즈는 몇 년 동안이나 보존 가능한 뛰어난 유제품입니다. 서아시아의 가혹한 환경에서는 단백질이 풍부한 보존식품을 만드는 일 자체를 미각 추구보다 우선시했던 것입니다.

장기 보존이 가능한 비숙성 치즈는 가을부터 겨울까지 젖을 짤수 없는 계절에 먹는 소중한 음식입니다. 바삭하고 딱딱한 상태이기 때문에 보통은 물에 몇 시간 담가 놓았다가 요리에 사용합니다. 올리브유나 커민cumin*이라는 향신료와 함께 넓적하게 구운

시리아의 아랍계 유목민이
만든 비숙성 치즈

빵에 발라 먹거나 고기와 쌀과 함께 끓여 수프를 만들기도 합니다. 물을 많이 해서 녹인 다음 마시기도 하고, 사탕처럼 입안에서 굴려 가며 먹기도 합니다.

요구르트 자체로도 치즈를 만듭니다. 요구르트를 천으로 싸서 물기를 짜고 소금을 넣은 다음 햇볕에 건조합니다. 버터밀크로 만든 치즈보다는 유지방이 풍부하지요. 바가라족에게는 버터기름이 더 많이 필요하기 때문에 요구르트로는 상대적으로 적은 양의 치즈만 만듭니다.

이렇듯 생유를 발효유인 요구르트로 만들고, 요구르트로 버터, 버터기름, 치즈를 만드는 일련의 공정이 발효유 계열군의 유가공입니다. 64쪽 표에서도 알 수 있듯 유목민의 유가공은 유제품으로 다음 유제품을 연쇄적으로 만들어 내는 것이 특징적입니다. 유가공 체계와 계열군 조사를 통해 유목민의 유가공 기술과 전체 공정을 확실하게 파악할 수 있습니다. 나는 현장에서 보고 들은 것을 확실히 기억하고 이해하기 위해 늘 이 표를 그리면서 젖 문화에 관한 인터뷰를 진행합니다.

---

* 톡 쏘는 향과 매운맛이 특징인 향신료.

레닛을 이용해 치즈 만들기

바가라족이 새끼 가축의 주름위에서 분비되는 응유효소인 레닛을 이용해 치즈를 만드는 공정을 살펴봅시다.

서아시아에서 레닛 치즈는 버터밀크로 만든 치즈에 비해 압도적으로 적습니다. 더구나 한정된 기간에만 만들 수 있는 것이 많습니다. 이는 레닛으로 치즈를 만든 역사가 얕다는 것을 말해 주는지도 모릅니다.

가열 살균하지 않은 생유에 새끼 가축의 주름위를 그대로 한 조각 넣어 섞습니다. 레닛이 들어 있는 주름위가 들어가면 카세인이 분해되어 금방 응고하기 시작합니다. 2장에서 설명한 대로 카세인 미셀이 중합에 의해 거대해진 자신의 무게로 카세인 단백질을 응고시키는 것입니다. 응고가 일어날 때 젖 속 유지방도 함께 응고합니다. 이 커드를 가죽 부대에 넣어 탈수하면 치즈가 만들어집니다.

유가공에 새끼 양의 주름위를 쓰는 것은 우리가 상상하기 힘든

건조 보존한
새끼 양의 주름위

치즈를 오래 보존하기 위해 소금을 넣는다.

아주 독창적인 방법입니다. 곰곰이 생각해 보면, 새끼는 어미의 젖만 먹고 자라니까 위 속에 젖을 소화할 수 있는 어떤 물질이 존재한다는 것을 깨닫고 새끼의 위를 이용하기에 이르렀겠지요. 그것은 어쩌면 당연한 발견의 과정이었을 것입니다. 유목민은 가축과 오랜 역사를 함께하면서 새끼 양의 위가 유가공에 도움이 되리라는 것을 알고 이용한 것입니다.

치즈를 오랫동안 보존하려면 고농도의 소금물에 끓인 다음 치즈를 탈수해 돌같이 딱딱하게 만듭니다. 매우 짜고 단단해지지요. 레닛 치즈도 비숙성형으로, 미각보다는 보존성이 우선이라는 것을 알 수 있습니다. 서아시아의 자연환경은 참으로 살아가기에 팍팍합니다.

마지막 유청까지

레닛을 사용해 치즈를 만든 다음에는 액체 유청이 남습니다. 바가라족은 이 유청도 허투루 버리지 않습니다. 유청을 가열해 위로 떠오른 고형물을 모아 치즈를 만듭니다. 유청에는 유청 단백질이 남아 있습니다. 이미 설명했듯 유청 단백질은 열에 불안정한 단백질입니다. 가열하기만 해도 응고하니까요. 열변성*을 이용해 유청 단백질을 분리하는 기술로 치즈를 만드는 것입니다. 이 치즈는 조금밖에 나오지 않기 때문에 간식으로 금세 먹어 버립니다.

사라지는 전통 기술

1980년대부터 터키에서 크림 분리기가 들어와 시리아에도 보급되기 시작했습니다. 크림 분리기는 비중의 차이를 이용해 생유를 회전시켜 크림과 탈지유로 분리하는 기계입니다. 최근에는 바가라족 사람들도 노동시간을 단축하기 위해 크림 분리기를 쓰고 있습니다. 크림 분리기로 분리한 크림을 가죽 부대에 넣어 흔들면 거의 30분 만에 버터를 얻을 수 있으니까요. 진탕 작업이 세 시간에서 30분으로 줄어드는 것입니다. 크림 분리기는 바가라족 여성을 유가공의 중노동에서 해방시켰습니다. 이것이 크림 분리기를 시리아 내륙 지역에 보급시킨 원동력입니다.

크림 분리기의 가격은 양 두 마리값 정도로 저렴하지 않습니다.

---

*   단백질이나 핵산 같은 생체 고분자물질이 열에 의해 구조나 성질이 변화하는 현상.

따라서 모든 가정에 크림 분리기가 있는 것은 아니지만 서로 빌려주고 빌려 쓰면서 오늘날에는 거의 모든 세대가 유가공에 크림 분리기를 이용하고 있습니다.

크림 분리기

최근의 변화는 크림 분리기를 쓰는 것에 그치지 않습니다. 전기와 함께 냉장고가 보급되면서 양가죽 자루 대신 간편하게 페트병을 쓰고 있습니다. 치즈를 만들 때에도 새끼 가축의 주름위가 아니라 가루 상태의 시판 레닛을 마을에서 사다 쓰고 있습니다. 가축의 가죽과 주름위를 이용해 유제품을 가공하고 보존하는 바가라족의 전통 기술은 안타깝지만 역사의 뒤안길로 사라져 갈 것입니다.

문화는 언제나 시대 상황에 맞추어 변모해 갑니다. 특히 최근 급격한 사회 변화와 분쟁의 영향으로 1만 년을 걸쳐 축적해 온 유문화가 상당히 소실되었습니다. 격변을 겪고 있는 오늘날에야말로 지역의 고유한 무형 문화유산을 잃어버리기 전에 반드시 기록해 둘 필요가 있습니다. 따라서 현장 조사를 서둘러야 합니다.

유가공의 근원적 기술

발효유 계열군의 유가공은 서아시아의 유목민이 공통적으로 널리 이용하는 기술입니다.

앞서 말했듯이 발효유 계열군은 생유를 가열 살균해 요구르트를 만들고, 요구르트를 용기에 담아 흔들어 버터를 만들고, 버터를 가열해 버터기름으로 만들어 보존하는 가공 방식을 일컫습니다. 버터밀크는 가열해 응고시키고 탈수한 다음 햇볕에 건조해 비숙성 치즈로 만듭니다. 나는 이러한 일련의 유가공을 '서아시아형 발효유 계열군'이라고 부릅니다. 사실 '서아시아형 발효유 계열군'이야말로 인류사의 근원적인 유가공 기술입니다. 남아시아, 북아시아, 중앙아시아, 티베트, 유럽에서도 볼 수 있는 만큼, 널리 유가공 체계의 토대를 이루고 있다는 것을 알 수 있습니다.

서아시아의 유목민은 주로 발효유 계열군의 기술을 이용해 요구르트, 버터, 버터기름, 치즈를 만듭니다. 소박한 기술이지만 지방과 단백질의 분리 및 보존을 실현하고 있습니다. 이것이 건조 지대에서 살아가는 유목민의 생명을 유지하는 기술입니다.

이들 유가공에 사용하는 도구는 불을 때기 위한 가축의 똥과 관목, 아궁이, 젖을 짜 담는 용기, 가열 용기, 버터를 만드는 데 쓰는 가축의 가죽 부대와 삼각대와 끈, 치즈를 탈수하는 데 쓰는 용기, 버터와 버터기름을 보관할 가죽 자루 등입니다. 최근에는 크림 분리기와 프로판가스도 이용합니다. 최소한 가열 용기와 가죽 부대만 있으면 버터기름이나 치즈를 만들 수 있습니다. 계절에 따라 이동하는 유목민이기 때문에 필요한 최소한의 도구로 젖을 가공해 왔다고 할 수 있겠지요.

토기의 발명과 유가공 기술의 발전

짐작하다시피 이 정도 도구만 있으면 젖을 가공할 수 있기 때문에 고고학적 유물이 좀처럼 발견되지 않을 뿐 아니라 유물을 통해 유가공을 검토하기도 어렵습니다. 서아시아에서 토기는 기원전 7000년경에 등장합니다. 기원전 7000년대보다 앞서 젖 짜기, 즉 목축이라는 생업이 시작되었을 가능성이 높다는 것은 이미 설명했습니다. 서아시아에서 토기를 이용하기 전부터 가축의 젖을 이용했다는 말입니다. 애초에 가열용 토기 없이 어떻게 젖을 가공했을까요?

가축의 가죽만 있으면 젖을 짜서 모을 수 있습니다. 즉 토기가 없어도 젖 짜기는 가능했다는 뜻입니다. 가열 살균할 수 없더라도 자연 발효를 통해 발효유를 만들 수 있습니다. 썩은 냄새가 좀 났겠지만 말이지요. 이렇게 만든 발효유를 가죽 부대에 넣어 흔들면 버터를 얻을 수 있습니다. 작은 구멍이 뚫린 가죽 부대에 발효유를 담아 탈수하면 치즈가 됩니다. 한마디로 토기를 발명하기 이전 시대라도 젖을 짤 수 있었다면 생유, 자연 발효유, 버터, 치즈는 얻을 수 있다는 말입니다. 버터는 수분 함량이 많기 때문에 썩기 쉽지만, 그래도 가죽 부대에 넣어 서늘한 곳에 두면 수개월 동안 보존하는 것도 어느 정도 가능합니다. 치즈는 햇볕에 건조하면 오랫동안 보존할 수 있습니다. 토기를 발명하기 전에도 1년 내내 젖에 의존하는 생활이 가능했다고 볼 수 있는 것입니다.

토기를 이용하면 버터를 버터기름으로 가공할 수 있고, 유지방의 보존성을 더욱 높일 수 있습니다. 또 대량으로 생기는 버터밀크를 가열해 치즈를 더욱 효율적으로 얻는 일도 가능해집니다. 갓 짠 젖을 가열 살균한 다음 유목민이 원하는 유산균만 골라 넣어 이상적인 요구르트로 가공하는 것도 가능해집니다. 이렇듯 토기의 발명으로 유목민이 바라는 유제품을 더욱 많이 가공할 수 있게 되고 보존성이 향상되어 유가공 기술이 더욱 발전되었다고 말할 수 있겠지요. 유가공이 본격적으로 이루어진 것도 토기 발명 이후였을 것이라고 추측할 수 있습니다.

4장

인도의
젖 문화

인도의 도시에 있는 유과(乳菓) 가게. 설탕을 넣어 달게 만든 다양한 유과가 널려 있다.

유별난 젖 문화

서아시아에서 남아시아로 전해진 젖 문화는 인도에서 눈에 띄게 발전합니다. 라임 과즙으로 가공한 치즈나 농축유 등 인도에서만 볼 수 있는 유가공과 유제품이 넘쳐 납니다.

인도의 도시에서는 가는 곳마다 길가에 늘어선 핫 밀크hot milk 가게가 눈에 띕니다. 인도 사람들은 컵에 설탕을 듬뿍 넣고 뜨거운 밀크를 넉넉하게 부어 출근 전에 빵에 곁들여 마시거나 밤에 길거리를 슬렁슬렁 걸어 다닐 때 가볍게 마시기도 합니다. 달고 진한 핫 밀크는 피로를 부드럽게 풀어 줍니다.

인도의 풍요로운 젖 문화는 사람들의 일상 속에 침투해 있습니다. 인류가 1만 년에 걸쳐 쌓아 올린 유라시아 대륙의 다양한 젖 문화 중에서도 인도는 유별하게 독특합니다.

84쪽의 사진은 바르와드Bharwad라고 불리는 유목민의 젖 짜는 풍경입니다. 날카롭게 주름진 얼굴에 그윽한 표정을 짓고 있는 남성, 복면을 쓴 여성 등 이국적인 풍모의 사람들이 보입니다. 인도

길모퉁이의
핫 밀크 가게

젖을 짜는
바르와드 유목민

의 유목민은 어떤 유제품을 가공하고 있을까요? 사실 인도의 젖
문화를 발달시킨 것은 유목민이 아니라 정주민인 농민과 도시민
이었습니다. 4장에서는 인도 서부의 구자라트주와 라자스탄주의
사례를 살펴보면서 인도의 젖 문화를 소개하겠습니다.

인도의 지역성

인도는 대개 열대 습윤 기후입니다. 수도 델리는 여름에 평균 기
온이 30도를 웃돌고, 겨울에도 20도를 겨우 밑도는 수준입니다.
비는 주로 여름에 내리는데, 연간 강수량은 동부가 2,000밀리미터
나 되는 반면, 서쪽으로 갈수록 적어지면서 타르Thar사막이 펼쳐
집니다.

강수량이 많은 인도 해안과 동부 지역은 쌀, 데칸Deccan고원이
있는 중앙부는 수수, 북부는 밀과 보리, 심한 건조 지대인 서부는
수분이 부족한 환경에서도 잘 견디는 펄 밀렛Pearl Millet이 주요 농

작물입니다. 주로 지역의 강수량에 따라 재배하는 작물이 달라집니다. 이들 작물을 수확한 뒤에는 다양한 잡곡과 콩류를 재배합니다. 열대 습윤 기후이기 때문에 이모작이 가능합니다. 인도 사회는 농작물 재배와 가축 사육이 동일한 지역에서 이루어지는 까닭에 문화적으로 농업과 목축의 복합성을 띠게 되었다는 점이 특징적입니다. 농사를 지을 수 있는 무더운 날씨와 습윤한 토양, 그리고 농경문화와 목축문화가 섞여 있는 복합성이 인도의 젖 문화에 대단히 영향을 미치고 있습니다.

유차와 혹소

인도는 세계에서 밀크를 가장 많이 생산하는 나라입니다. UN 식량농업기구의 통계를 보면 2012년 인도의 밀크 생산량은 1억 2,000만 톤이라고 합니다. 1998년에 미국에 자리를 내준 것을 제외하고는 꾸준히 세계 1위의 생산량을 유지하고 있습니다. 일본의 밀크 생산량이 760만 톤인 것을 감안하면 과연 인도가 낙농 대국이라는 것을 알 수 있겠지요.

이 생산량에는 소뿐만 아니라 물소의 젖까지 포함됩니다. 물소 쪽이 더 많을 정도로 인도에서는 물소를 많이 기릅니다. 물소는 더운 환경에서도 잘 자라고 사료가 빈약해도 잘 견딥니다.

인도의 거리에 나가 보면 길모퉁이마다 유차乳茶인 '차이'chai를 팔고 있습니다. 끓인 물에 찻잎, 밀크, 설탕 듬뿍, 그리고 차이 마살라chai masala라고 부르는 유차용 향신료, 생강 등을 넣어 차이를 끓입니다. 무더위 속 길가에서 마시는 달콤하고 진한 차이는

하얀 혹소 '제부'

아주 맛있을뿐더러 피로를 사르르 풀어 줍니다. 차이를 마시면 신기하게도 다시 길을 나설 기운이 생깁니다. 차이의 맛이 좋은 이유 중 하나는 유지방 함유율이 높은 물소의 젖을 사용하기 때문이겠지요.

인도에서는 물소와 더불어 제부zebu라고 불리는 재래종 인도혹소를 키워 왔습니다. 혹소도 찌는 듯이 더운 환경에 강한 품종입니다. 혹소의 젖 분비량은 하루 약 10리터, 물소는 약 15리터입니다. 유지방 함유율은 혹소젖이 약 4퍼센트, 물소젖이 약 7퍼센트입니다. 가격은 유지방 함유율이 높을수록 비싸지기 때문에 혹소젖은 1리터에 약 12루피, 물소젖은 약 17루피입니다. 2014년 현재 1루피는 일본 엔으로 1.7엔입니다.* 즉 생산성, 유지방 함유율,

* 　　2018년 12월 기준으로 1루피는 원화 15.58원이다.

거리에서 파는 '차이'

가격 등 모든 면에서 물소는 혹소보다 뛰어납니다. 50년쯤 전까지는 혹소밖에 기르지 않는 세대도 많았지만, 지금은 물소 사육이 중심을 이루고 혹소는 보조적으로만 기르는 것이 보통입니다.

'차이'에 숨겨진 힘

인도 사람들은 밀크를 넣은 홍차를 마십니다. 차의 발상지는 중국 남부의 윈난성이라고 합니다. 원래는 찻잎을 먹거나 약으로 이용했는데, 마시는 차로 발달한 것은 6세기 이후라고 합니다. 처음에는 발효시키지 않은 녹차를 마셨지만, 송나라 시대(10~13세기)에 발효시키는 홍차의 원형이 만들어졌다고 합니다.

유럽에 최초로 홍차를 가져다준 것은 네덜란드인입니다. 티tea 라는 말은 네덜란드어 테thee에서 유래했습니다. 1662년 포르투갈의 황녀 카타리나가 영국 국왕 찰스 2세와 결혼하면서 당시 고가였던 설탕을 지참금으로 가져왔습니다. 그녀는 홍차를 매우 사랑했지요. 이윽고 카타리나의 영향으로 홍차에 설탕을 넣는 풍습

87

이 영국에 널리 유행하면서 귀족 사회로 퍼져 나갔습니다. 홍차를 마시는 습관은 점차 대중화했고, 드디어 일반 가정에도 보급되었습니다. 영국 정부는 강력한 해군의 힘을 동원해 수요가 많아진 홍차 수입에 발 벗고 나섰습니다. 그리하여 1721년 영국 동인도회사가 중국산 홍차 무역의 전권을 장악해 버립니다.

홍차는 영국보다 영국령 미국에 더 빨리 전해졌습니다. 영국이 홍차 무역을 독점하는 바람에 미국인은 억지로 고가의 홍차를 사야 했고 밀수한 차가 시중에 돌아다녔습니다. 영국은 차조례Tea Act*를 공표하는 한편, 밀수한 차를 금지함으로써 미국인에게 값비싼 차를 사도록 강요했습니다. 분노한 식민지 상인들이 미국 각지에서 폭동이 일으켰고, 결국 미국독립전쟁으로 이어졌다고 합니다.

19세기 중국에서 홍차를 수입하던 영국은 은銀 대신 인도에서 생산한 아편으로 찻값을 지불했습니다. 중국 통화로 사용하던 은이 부족해지고 아편 때문에 풍속이 혼란스러워지자 중국 정부가 항의했고, 결국 1840년부터 두 차례 아편전쟁이 발발했습니다.

19세기부터 홍차는 새로운 국면을 맞이합니다. 중국이 아닌 다른 지역에서 차 생산을 시도한 것입니다. 1839년 영국이 인도 북동부에서 야생의 차나무를 발견하고 아삼Assam종 홍차를 생산하기 시작합니다. 또 19세기 중엽부터 인도 북부 히말라야 산기슭에 중국의 차나무를 들여와 향이 짙은 다르질링Darjeeling종 홍차를 대규모로 생산하기 시작합니다. 유럽 자본의 플랜테이션

*   1773년 영국 의회가 파산 위기에 놓인 동인도회사에 식민지 차 무역의 독점 판매권을 주기 위해 제정한 식민지 무역 규제법.

plantation** 방식은 생산량과 품질 양면에서 중국 홍차를 앞질렀고, 이윽고 중국 홍차는 시장에서 자취를 감추었습니다. 영국은 인도와 실론(스리랑카)이라는 양대 홍차 산지를 지배하고 홍차 무역을 독점함으로써 오늘날에 이르는 번영을 이루었습니다.

홍차는 미국독립전쟁과 아편전쟁을 유발하면서 세계 경제를 움직였습니다. 나아가 남아시아를 차 생산에 깊이 끌어들이기 시작했습니다. 남아시아는 젖 문화권에 속하기 때문에 홍차에 우유를 넣어 마시는 방식도 개발된 것이겠지요. 오늘날에 와서는 인도 사람들도 차이를 하루에 몇 잔씩이나 마십니다. 오랜 역사를 지닌 차이에는 열강과 젖 문화권의 만남이 담겨 있습니다. 차와 밀크는 새로운 문화를 탄생시키고 사람들을 움직이는 원동력을 품고 있는 것입니다.

아무 때나 얻을 수 있는 젖

인도는 적도에 가깝기 때문에 태양이 높이 솟은 낮 시간이 사철 내내 거의 바뀌지 않습니다. 따라서 가축이 계절에 맞춰 번식하지 않습니다. 때를 가리지 않고 교미와 출산이 이루어지는 것입니다. 출산한 혹소 한 마리가 젖을 분비하는 기간은 7개월 정도지만, 보통은 혹소 수십 마리를 기르기 때문에 대체로 어느 혹소든 젖을 분비하는 상태가 지속됩니다. 한마디로 인도 사람들은 1년 내내

** 서양인이 자본과 기술을 제공하고 원주민과 이주 노동자의 값싼 노동력을 이용해 열대(아열대) 지방에서 단일 경작을 하는 기업적인 농업 경영. 무역품으로 가치가 큰 향신료, 고무, 차, 커피, 카카오, 사탕수수, 바나나, 담배 등을 재배한다.

가축의 젖을 짤 수 있고, 언제나 신선한 젖을 이용할 수 있습니다. 양과 염소도 1년 내내 젖 짜기가 가능하다고 합니다. 위도가 낮은 지역에서 가축을 기르는 이점이 여기에 있습니다.

목축 카스트

건조 지대인 인도 서부의 구자라트주와 라자스탄주에서는 목축이 활발하게 이루어집니다. 목축업에 종사하는 집단도 많은데, 바르와드를 비롯해 라이카Raika, 가이리Gairi, 당기Dangi, 비슈노이Bishnoi, 다바세Davasee 등을 꼽을 수 있습니다. 이들은 다 목축 카스트 집단입니다.

카스트는 인도의 독자적인 신분제도로, 인도인은 태어날 때부터 카스트에 따라 직업이 정해져 있습니다. 목축 카스트 집단은 목축을 담당할 운명을 타고납니다. 또 인도에서는 소수지만 이슬람교도도 목축을 맡고 있습니다.

사육하는 가축은 혹소와 같은 소, 물소, 양, 염소, 낙타입니다. 예전에는 목축 카스트 집단마다 사육하는 종이 달랐지만, 지금은 그런 구별이 불명료해졌습니다. 그리고 앞에서 설명했듯 대부분 물소와 소를 사육하는 쪽으로 옮겨 가고 있습니다. 목축 카스트 집단은 대부분 한곳에 머무르며 농업에도 종사하는 방향으로 변화했습니다. 바르와드 집단도 원래는 양과 낙타를 기르는 유목민이었지만 84쪽 사진에 나오듯 물소와 소를 기르고 농업을 병행하며 정주하는 세대가 많아졌습니다.

힌두교와 도축

인도 사회에 시장경제가 침투하는 가운데 가축의 젖으로 수입을 얻는 이상, 마땅히 수컷은 줄이고 암컷을 더 많이 사육해야 수익성이 높아집니다. 그런데 목축 카스트 집단은 모두 힌두교도입니다. 힌두교에서는 소를 신神으로 떠받들며, 종교적인 신념 아래 살생을 금지하고 있지요. 따라서 불필요한 수컷도 무작정 도축할 수 없다는 것이 목축을 하는 힌두교도의 고민입니다.

라자스탄주에 사는 어느 유목민의 가축을 조사해 본 적이 있습니다. 물소 25마리 가운데 암컷이 24마리였습니다. 현실적으로 어떤 수단을 동원해 수컷을 도태시키고 있다는 뜻이지요. 이를테면 수컷이 태어나면 병약하다는 이유로 먹이를 주지 않고 자연스레 굶어 죽게 만드는 것입니다.

수소는 농사짓는 데 쓰도록 농민에게 넘겨주기도 합니다. 수컷이나 젖이 나지 않는 암컷은 고기 수요가 많은 도시로 끌고 가 도살장에 팔아넘기기도 하지요. 도축은 종교적인 규제가 없는 이슬람교도가 담당합니다. 이런 점에서 인도 사회에 거주하는 소수의 이슬람교도가 얼마나 중요한지 이해할 수 있습니다. 여하튼 힌두교도 사회에서도 도축 작업에 직접 관여하는 것은 피하면서 소와 물소의 수컷을 도태시켜 가축의 성비性比를 교묘하게 조절하고 있습니다.

인도 유목민의 유가공

이제부터 인도의 유가공에 대해 살펴보겠습니다. 인도에서는 혹소와 물소의 젖도, 양과 염소의 젖도 완전히 동일한 방법으로 가공합니다. 그들은 민족과 카스트 집단을 뛰어넘어 지역적으로 널리 젖 문화를 공유하는 듯합니다.

인도에서는 생유를 '두드'doodh라고 부릅니다. 젖을 짜면 바로 가열 살균합니다. 비록 살균하더라도 인도 같은 더운 환경에서는 오래 가만히 두면 부패해 버리기 때문에 되도록 빨리 가공에 들어갑니다.

살균한 생유에 전날 남은 요구르트를 종균으로 첨가해 하룻밤 또는 하루 종일 가만히 두면 '다히'dahi라고 부르는 요구르트가 만들어집니다. 인도는 더운 나라니까 모포를 씌워 실온에 놓아두기만 해도 젖산발효가 진행됩니다. 요구르트는 쌀과 카레 요리에 넣

요구르트를 휘저어 섞어 버터를 만드는 모습(왼쪽)과 버터기름을 만드는 모습(오른쪽)

는 등 일상적인 식사로 자주 먹습니다. 쌀과 아주 잘 어울리는 유제품이지요.

다음으로 요구르트를 항아리에 담은 뒤 막대에 줄을 감아 당기며 회전시키는 방식으로 한 시간 정도 마구 휘저어 섞어 '마칸'makhan이라고 부르는 버터를 만듭니다. 버터를 만들 때 막대와 항아리를 사용하는 것이 인도 유가공의 특징입니다.

발효유 계열군

인도 유목민의 전통적인 유가공 체계

유목민이 버터를 그대로 먹는 일은 거의 없습니다. 버터는 반드시 냄비에 넣고 가열해 기ghee라고 부르는 버터기름으로 가공합니다. 버터기름으로 만들면 더운 인도에서도 장기 보존이 가능해 안심하고 먹을 수 있습니다.

한편, 버터를 만든 뒤에 남는 버터밀크는 '차스'chaas라고 부릅니다. 버터밀크는 소금을 첨가해 그대로 마시거나 카레 요리에 넣거나 옥수수와 함께 죽을 끓여 먹습니다. 버터밀크는 요리에 넣을 뿐 결코 치즈로 가공하지 않습니다. 인도의 유목민은 서아시아의 유목민과 달리 젖단백질을 치즈 형태로 보존하지 않는 것입니다. 유라시아 대륙에서 낙타를 사육하는 유목민 외에 젖에서 단백질을 분리해 보존하지 않는 것은 인도 유목민뿐입니다.

버터기름은 인도 유제품의 왕

버터기름은 인도의 음식 문화에서 지극히 중요한 재료입니다. 다양한 요리에 쓰이며, 발효하지 않고 납작하게 구운 로티라는 빵에 곁들이기도 합니다. 요리할 때 넣으면 향기와 깊은 맛을 더해 음식을 맛있게 완성시켜 줍니다. 버터기름을 손으로 퍼서 로티에 발라 먹으면 깊고 진한 맛에 감동을 느낍니다.

버터기름에 대한 인도인의 애착은 이루 말할 수 없습니다. 인도는 기름기로 풍미를 이끌어 내는 음식 문화를 가진 나라입니다. 버터기름은 요구르트와 더불어 하루도 빼놓을 수 없는 중요한 먹을거리입니다.

인도에서도 유지방을 분리한 최종 가공 형태는 버터기름입니다. 버터기름은 지방분이 99퍼센트이고 수분은 1퍼센트 이하입니다. 따라서 심하게 더운 인도에서도 실온에 그냥 두어도 부패하는 일이 없습니다.

납작하게 구운 로티에
버터기름을 발라 먹는다.

생략된 치즈 가공

인도 유목민은 유가공을 통해 요구르트, 버터, 버터기름을 만들어 왔습니다. 서아시아형 발효유 계열군의 유가공과 거의 동일하지요. 서아시아에서 발생한 젖 문화가 남아시아에 전해져 그곳 유목민의 젖 문화에 토대를 마련해 주었다는 것을 알 수 있습니다. 그러나 인도 유목민은 버터밀크로부터 치즈를 만들어 내지는 않았습니다. 젖단백질을 치즈로 보존하는 기술이 사라져 버렸다는 것이 남아시아 유가공의 특징입니다.

그 원인으로 우선 신선한 젖을 1년 내내 얻을 수 있다는 점을 생각할 수 있습니다. 적도 가까운 곳이라서 가축의 번식이 계절을 타지 않아 언제나 젖을 짤 수 있습니다. 보존을 위한 가공이 절박하지 않지요. 남아시아에서는 1년 내내 버터밀크를 마실 수 있기 때문에 단백질을 늘 섭취할 수 있습니다. 다만 요구르트와 버터기름은 인도 사람들이 강력하게 원하는 맛이어서 계속 이어져 온 것으로 보입니다.

다음으로 남아시아에서는 다양한 콩류를 재배한다는 점을 들 수 있습니다. 렌틸콩, 병아리콩, 비둘기콩, 녹두 등 콩류를 재배해 이용하는 요리 체계가 발달한 것입니다. 콩류에서도 단백질을 충분히 섭취할 수 있기 때문에 일부러 가축의 젖을 가공해 젖단백질을 보존할 필요가 없었을 것입니다.

도시와 농촌의 젖 문화

남아시아는 농작물을 풍부하게 수확할 수 있는 땅입니다. 또 유목민이 농민이나 도시민과 가까이 살고 있습니다. 그래서 남아시아의 도시와 농촌에서는 밀크를 비롯해 다양한 농산물이 유통됩니다. 축복받은 환경 속에서, 특히 도시에서 풍성한 젖 문화가 꽃피었습니다. '쉬리칸드'shrikhand나 '라시'lassi 등 밀크에 설탕이나 견과류를 첨가해 달콤하게 만든 디저트가 눈에 띕니다. 실제로 도시의 거리에는 수많은 밀크 디저트 가게가 있습니다.

도시와 농촌에서는 유가공 기술도 발달했습니다. 2장에서 인류의 유가공 기술에는 발효유 계열군, 응고제 사용 계열군, 가열 농축 계열군, 크림 분리 계열군의 네 가지가 있다고 소개했습니다. 인도 유목민은 이 가운데 발효유 계열군 기술밖에 갖고 있지 않지만, 도시와 농촌에서는 네 가지 기술을 모두 볼 수 있습니다.

그러면 이제부터 도시와 농촌의 대표적인 젖 문화와 간식들을 소개하겠습니다.

거리의 요구르트 가게

인도의 유목민은 물론 도시와 농촌에 사는 사람들도 다히라고 부르는 요구르트를 매우 좋아합니다. 특히 여름에는 몸을 서늘하게 유지하기 위해 다히를 많이 마십니다. 인도의 거리를 걸어 다니면 다히를 파는 가게를 자주 볼 수 있습니다. 다히를 주문하면 바로 눈앞에서 작은 접시에 1인분을 떠서 내밉니다. 촉촉하고 상큼한

다히를 파는 노점

요구르트는 탈수로 고달픈 몸에 수분과 생기를 안겨 줍니다. 비닐 용기에 포장된 것이 아니라 눈앞에서 먹을 만큼 나누어 주는 방식이 참 기분 좋습니다.

마스코와 쉬리칸드

인도에서는 '마스코'masko라고 부르는 건조 요구르트를 흔히 만듭니다. 요구르트를 천 위에 펼쳐 놓고 물기를 짭니다. 그다음 천을 여러 번 접어 천과 요구르트 자체의 무게로 탈수를 더욱 진행시킵니다. 두 시간쯤 그대로 놓아두기만 하면 마스코가 됩니다. 건조 요구르트는 일반 요구르트보다 신맛이 훨씬 강합니다. 최근에 인기가 많아진 그리스식 요구르트와 비슷한 유제품이지요.

마스코에 크림, 설탕, 생유를 더해 잘 휘젓습니다. 고집스러울

97

정도로 또렷한 요구르트의 신맛에 단맛이 조화롭게 어울려 이 상태로도 충분히 맛있습니다. 이렇게 이기고 섞은 뒤에 캐슈너트와 건포도, 건조 과일, 생과일, 사프란과 카르다몸* 가루, 또는 메이스와 너트메그 가루** 등을 넣어 맛을 냅니다. 모양을 잡아 조금씩 담아내면 쉬리칸드가 완성됩니다. 맛을 내는 방법이나 첨가물의 종류는 지역과 공방에 따라 조금씩 다릅니다.

라시를 만드는 두 가지 방법

달콤한 라시는 꼭 현지에 가지 않더라도 인도 식당에서 쉽게 찾아볼 수 있고 제조법도 널리 공유되는 등 세계적으로 친근한 음료가 되었습니다.

인도에서 라시를 만드는 방법은 두 가지가 있습니다.

첫 번째 방법은 요구르트인 다히에 설탕과 얼음을 넣고 믹서로 갈아서 만드는 것입니다. 널리 잘 알려진 방법이지요. 라시는 깊은 단맛과 신맛이 조화롭게 어우러진 참으로 맛 좋은 음료입니다. 커다란 컵에 따른 뒤 단숨에 죽 들이켜면 그만입니다. 더운 지역에서는 맛이 개운한 유제품이 사랑받으며 발달했습니다.

두 번째로는 버터밀크인 차스를 이용하는 방법입니다. 우선 차스에 설탕을 넣어 단맛을 낸 다음 냉장고에 넣어 차게 식힙니다.

---

*   사프란(saffraan)은 붓꽃과 식물로 암술머리를 말려서 진정제, 향료, 염료로 쓴다. 카르다몸(cardamon)은 생강과 식물로 열매를 약이나 향료로 쓴다.

**   육두구과 열매에서 나오는 것으로 씨앗을 말린 것이 너트메그(nutmeg), 씨를 감싼 빨간 껍질을 말린 것이 메이스(mace)이다. 각종 요리의 향신료로 이용하며 단맛과 약간의 쓴맛이 난다.

요구르트에 설탕과 얼음을 섞어 만드는 라시(왼쪽)와 차스를 넣어 만든 라시(오른쪽)

달콤하고 시원해진 차스를 컵에 담고 그 위에 아이스크림, 견과류, 건포도, 크림 등을 얹거나 장미 에센스를 넣습니다. 파르페와도 비슷한 모양새인데, 인도에서는 본래 이 제조법을 애용합니다. 설비와 품이 드는 일이기 때문에 가정에서 만들어 먹기보다는 주로 가게에서 사 먹습니다.

응고제로 만드는 치즈

인도의 도시와 농촌에서는 응고제를 이용해 치즈를 만듭니다. 일찍이 치즈를 만들 때에는 라임 등 감귤과의 과즙을 사용했지만, 오늘날에는 아세트산 등 시중에서 파는 유기산을 응고제로 사용합니다. 생유(두드)를 펄펄 끓도록 가열한 다음 유기산을 넣으면 금방 응고합니다. 응고한 커드를 천 주머니에 담아 체중을 실어 눌러 수분(유청)을 배출시킵니다. 이것이 '체나'chhena라고 부르는 인도의 치즈입니다. 체나는 갖가지 유과 등 가축의 젖으로 만드는

99

다양한 디저트의 재료로 쓰입니다.

유기산을 첨가한 뒤 기계를 써서 30분쯤 강한 압력으로 탈수하기도 합니다. 이렇게 만든 단단한 치즈를 '파니르'paneer라고 부릅니다. 파니르는 카레 요리의 건더기 재료로 쓰거나 샐러드에 섞어서 그대로 먹습니다.

체나와 파니르 가공에서 알 수 있듯, 인도에서는 응고제로 가축의 주름위(레닛)가 아니라 유기산을 사용합니다. 인도의 서쪽에 위치한 이란에서도 파니르panir라고 부르는 치즈를 만듭니다. 파니르는 원래 이란의 공용어인 페르시아어이므로 페르시아 지역에서 남아시아로 전해졌다고 추측할 수 있습니다. 페르시아에서는 레닛을 써서 파니르를 만듭니다.

다시 말해 파니르를 만드는 기술이 페르시아에서 남아시아로 전해지면서 응고제가 레닛에서 유기산으로 바뀌었다고 생각할 수 있습니다. 아마도 살생을 금기시하는 힌두교의 영향을 받은 것이 아닐까 합니다.

설탕물에 체나를 조린다.

치즈에서 태어난 유과

인도에서는 가축의 젖으로 유과를 만드는 문화가 발달했습니다. 치즈도 다양한 형태의 유과로 가공합니다. 체나를 갖가지 크기로 빚어 '차사니'chasani라고 부르는 설탕물에 넣고 조려서 유과를 만듭니다. 치즈를 설탕물에 넣고 조린다는 것을 선뜻 상상하기 어렵지만, 인도 사람들은 진하고 확실한 맛을 좋아하는 듯합니다.

인도의 농축유

인도의 특징적인 유제품 중 하나로 농축유가 있습니다. 중화요리에 쓰는 것 같은 우묵한 대형 냄비에 대량의 소젖을 붓습니다. 센불로 내내 가열하면서 길고 가는 쇠숟가락으로 눋지 않도록 계속해서 재빠르게 휘저어 줍니다. 한 시간 정도 센 불로 가열하면 부드러운 고형 유제품이 완성됩니다. 이것이 '마와'mawa(고아khoa 또는 고야khoya)라고 부르는 인도의 농축유입니다. 달콤하고 혀에서

101

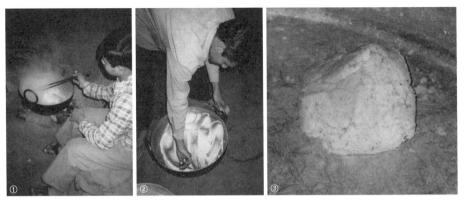

① 소젖을 계속해서 휘저으면서 센 불로 끓여 농축한다. ② 차갑게 식힌 뒤 냄비에 달라붙은 것을 긁어모은다. ③ 완성된 마와

왼쪽부터 ①, ② 바르피 ③ 가자르 할와 ④ 페다, 그리고 차사니에 담가 둔 굴랍 자문(오른쪽 사진)

라브리 만들기

살살 녹는 듯한 식감의 무당연유이지요. 마와야말로 다양한 인도 유과의 바탕 재료로서 특징을 살려 주는 존재입니다. 마와는 도시에서나 농촌에서나 특정한 장인이 전문적으로 만듭니다.

농축유로 만드는 디저트

마와를 설탕물에 넣고 얼마 동안 가열합니다. 여기에 맛을 더해 줄 초콜릿이나 피스타치오 등을 섞어 납작하게 만들면 온갖 풍미가 감도는 유과가 탄생합니다. 이것을 '바르피'barfi라고 부릅니다. 가늘게 썬 당근을 설탕물과 버터기름에 조린 다음 마와에 넣고 잘 섞어서 유과를 만들기도 합니다. '가자르 할와'gajar halwa라고 하지요. 또 마와에 설탕, 사프란, 건포도, 견과류 등을 첨가해 둥글납작하게 빚으면 '페다'peda라는 유과가 됩니다.

마와에 밀가루와 설탕물을 섞어 직경 3센티미터로 동글동글하게 빚어 기름에 튀기기도 합니다. 설탕물에 담가 마무리하면 '굴랍 자문'gulab jamun이라고 부르는 유과가 완성됩니다. 강렬한 단맛이 돌며 한두 입만 먹어도 포만감이 밀려오지만, 인도 사람들은 맛있다는 듯 우적우적 거침없이 먹습니다.

또 한 가지, 농축유로 만드는 아주 흥미로운 디저트가 있습니다. 바로 라브리rabri입니다. 먼저 커다란 요철 냄비에 생유를 넣고 끓입니다. 가열하는 도중 표면에 생기는 얇은 막을 몇 번이나 걷어 내어 냄비 옆면 가장자리에 붙여 갑니다(102쪽 맨 아래 사진 ①). 설탕을 넣어 몇 분 더 조리다가 불을 끄고 한 시간쯤 그대로 두어 식힙니다. 냄비 바닥에는 액상의 농축유가 약간 남고, 냄비 옆면에는 농축유가 젤 상태로 붙어 있습니다. 젤 상태의 농축유와 액상 농축유에 카르다몸과 얇게 썬 아몬드나 피스타치오 등의 견과류를 넣어 잘 섞어 줍니다(102쪽 사진 ②). 그렇게 하면 젤과 액상이 섞인 식감과 카르다몸의 상큼한 맛이 훌륭하게 조화를 이루는 라브리가 탄생합니다(사진 ③). 생유 10리터로 약 3킬로그램의 라브리를 만들 수 있습니다. 연유와도 비슷한 맛이 납니다.

마와나 라브리 등의 농축유 제조는 유라시아 대륙에서도 남아시아에서만 확인할 수 있는 유가공 기술입니다. 남아시아의 젖 문화는 1만 년 역사 속에서 도시와 농촌의 정주민이 뜨거운 기후 환경 아래 특수하게 발달시킨 것으로 볼 수 있습니다.

버터기름과 크림 분리

인도의 도시와 농촌 가정에서는 간혹 크림을 만들기도 합니다. 생유를 10분쯤 끓인 다음 가만히 두었다가 이튿날 아침에 보면 표면에 크림이 떠 있습니다. 말라이malai라고 부르는 이 크림을 숟가락 등으로 떠내는 것입니다. 그러나 인도에서 크림을 분리하는 유가공은 그리 일반적인 것이 아닙니다. 더운 지역이니 크림을 분리하는 기술이 발달하기가 쉽지 않았을 것입니다.

남아시아에서 크림을 분리하는 기술은 근대에 들어 발달했습니다. 19세기 말, 영국이 인도를 통치하던 무렵, 봄베이(뭄바이) 등 대도시에 거주하는 영국 군인에게 크림을 공급하기 위해 본국에서 크림 분리기를 들여온 것입니다. 그 뒤 크림을 이용하면 버터기름을 효율적으로 만들 수 있다는 사실이 알려지면서 크림 분리기가 도시와 농촌으로 빠르게 퍼졌습니다. 오늘날 크림은 다양한 유과를 만드는 데 이용됩니다. 유목민은 크림 분리기 업자에게 생유를 가져가 크림을 분리해 오기도 합니다. 크림과 탈지유로 분리해 판매하는 편이 수입을 얻기가 더 좋기 때문입니다.

남아시아 젖 문화의 특징

남아시아의 젖 문화에 대해 정리해 봅시다.

우선 목축 지역과 도시 및 농촌 간에 차이가 큽니다. 유목민은 발효유 계열군의 가공 기술만 이용하며 치즈로 젖단백질을 보존하는 가공 단계가 적어도 현재에는 빠져 있습니다. 유제품 종류는 요구르트, 버터, 버터기름, 버터밀크뿐입니다. 유과는 만들지 않습니다. 남아시아 유목민의 유가공 체계는 아주 소박하다고 볼 수 있습니다.

이와 비교해 도시와 농촌에서는 젖 문화가 지극히 다양하게 발달했습니다. 발효유 계열군, 응고제 사용 계열군, 가열 농축 계열군, 그리고 크림 분리 계열군의 가공 기술을 모두 이용하고 있지요. 농촌 지역에서 네 가지 계열군을 모두 이용하는 경우는 유라시아 대륙에서도 남아시아뿐입니다. 유제품의 종류는 요구르트, 건조 요구르트, 버터, 버터기름, 버터밀크, 두 종류의 치즈, 크림, 탈지유, 농축유 등 무려 열 가지에 달합니다. 도시와 농촌에서는 이러한 기본 유제품에 다양한 첨가물을 더해 다종다양한 유제품을 탄생시켰습니다.

남아시아의 기본적인 유가공 기술은 상당히 소박한 편인데, 여러 가지 유과 등의 밀크 디저트를 만드는 과정에서 유제품이 다양하고 복잡해졌습니다. 감칠맛이 도는 숙성 치즈를 만들어 낸 유럽의 복잡한 유가공 기술과는 상이한 발달 형태입니다.

광대한 남아시아 땅 대부분은 강수량이 비교적 양호한 열대 습윤 기후 지역입니다. 목축 지역과 농경 지역이 겹쳐 있기 때문에 도시와 농촌의 음식 문화 저변에 젖 문화가 자연스럽게 자리 잡았고, 한곳에 머물러 생활하는 도시와 농촌의 풍요로움이 '유과'라는 유제품의 다양성을 낳았습니다. 1년 내내 가축의 젖을 얻을 수 있기 때문에 보존식품으로서 치즈 가공이 발달하는 대신 생유로 만드는 유과 등이 발달한 것입니다. 무더위와 습한 기후, 목축문화와 농경문화의 복합성, 정주定住, 계절을 타지 않는 젖 짜기 등의 특성이야말로 인간과 젖의 1만 년 역사 가운데 남아시아의 독자적인 젖 문화가 발달한 배경일 것입니다.

젖 문화는 서아시아에서 탄생해 유라시아 대륙으로 널리 전해졌습니다. 그리고 남아시아의 경우처럼 곳곳의 지역적 특성에 맞추어 다양하게 발전해 갔습니다.

5장

몽골의
젖 문화

몽골 유목민은 대초원에서 가축과 함께 살아간다.

서아시아에서 탄생한 젖 문화는 유라시아 대륙으로 퍼져 나갔습니다. 원래 무더운 지역에서 탄생한 젖 문화는 북아시아와 중앙아시아 등 쌀쌀한 지역에서 커다란 변화를 겪습니다. 젖으로 크림과 술을 만드는 것입니다. 이는 한랭 기후에서 발달한 젖 문화의 특징입니다. 여기서는 유라시아 대륙 북방의 한랭 기후 지대를 대표하는 몽골의 젖 문화를 소개하겠습니다. 이곳은 지구상에서 유가공이 가장 복잡한 양상으로 발전한 지역입니다.

칭기즈칸으로 유명한 몽골 유목민은 일찍이 유라시아 대륙에 대제국을 세운 사람들입니다. 그들이 오축五畜으로 여기는 양, 염소, 소, 말, 낙타는 유목 생활에 중요한 가축입니다. 몽골족은 오축을 기반으로 대제국을 건설했습니다. 몽골 유목민은 지금도 도구를 거의 사용하지 않고 초원에서 오축의 무리를 관리하면서 젖을 짜 가공한 유제품을 먹으며 생활합니다. 가스도 냉장고도 없는 초원에서 그들은 어떻게 복잡한 유가공을 실현하고 있을까요? 여기에서는 몽골의 중앙 지역에서 유목민으로 살아가는 촐롱 씨 일가를 통해 몽골 유목민의 생활과 젖 문화를 살펴보겠습니다. 촐롱 씨 가족과는 2000년부터 매년 방문하며 가족끼리 친하게 지내고 있답니다.

몽골 유목민과 대초원

촐롱 씨는 대초원의 한가운데 게르rɔp라는 하얀 천막집을 치고 계절마다 이동하면서 살아갑니다. 양과 염소 200마리, 소 30마리, 말 10마리, 낙타 5마리를 소유하고 있었는데, 최근의 가뭄과 겨울

몽골 유목민의 방목 풍경

추위 등 자연재해로 많은 가축을 잃고 말았습니다. 그런데도 촐롱 씨는 시간이 지나면 가축들은 다시 돌아온다며 아주 태연합니다. 이것이 가축이라는 재산을 대하는 몽골 유목민의 태도입니다. 몽골 유목민의 종교는 티베트 불교*이지만, 촐롱 씨와 함께 생활해 보면 가축의 건강과 생산물을 허락한 하늘의 축복에 감사하고, 식물을 자라게 하는 대지의 신을 소중하게 여긴다는 것을 알 수 있습니다. 자연을 숭배하는 샤머니즘에 강하게 의존하는 세계관을 갖고 있지요.

난방과 조리에는 가축의 똥을 이용합니다. 연료로 충당하기에 충분하지요. 전기는 들어오지 않습니다. 오늘날에는 태양광 전지판을 가지고 있어 자가발전으로 전기를 생산하는 경우도 있습니다(125쪽 사진 (3) 참조). 대초원의 게르 안에서 촐롱 씨는 아침에

---

* 티베트를 중심으로 발전한 불교로 라마교라고도 한다. 교주 달라이 라마를 관세음보살의 화신으로 여기며, 승려들은 종교적 특권뿐만 아니라 세속적 권력도 갖는다.

몽골 유목민 촐롱 씨

일어나면 라디오를 듣고 밤늦은 시간까지 텔레비전을 봅니다. 휴대전화도 가지고 있습니다. 밤이면 수도 울란바토르에 일하러 나가 있는 아들들과 통화하는 것이 아내 차가 씨가 일상에서 누리는 행복입니다.

촐롱 씨의 이름은 몽골어로 '돌'을 뜻하는 촐로чулуу에서 왔습니다. 촐롱 씨는 '돌 사나이'라는 뜻의 이름처럼 몸집이 크고 씩씩하며 힘이 셉니다. 낮에는 가축을 관리하고 야외에 천막을 설치하며 국수 가락을 만들기 위해 밀가루를 차지게 반죽하고 나이프 하나로 재빠르게 도축하는 등 바쁘게 지냅니다. 필요한 물품은 무엇이든 폐자재나 타이어 고무 등을 이용해 거의 손수 만듭니다. 이런저런 일을 자기 손으로 직접 해내지 못하면 유목민으로서 살아나갈 수 없습니다. 촐롱 씨와 만나 보면 필요한 것은 무엇이든 사면 그만이라는 생활 습관을 반성하게 됩니다.

촐롱 씨 일가는 아침 식사로 크림이나 치즈 등 유제품을 주로 먹습니다. 점심과 저녁의 대표적인 식단은 고기 국수인 고릴태 슐

111

1. 고릴태 슐
2. 샤르 보다태 슐
3. 보즈
4. 게데스니 헐
5. 차나산 마흐

гурилтай шөл입니다. 아침부터 마유주를 배불리 마시고 하루가 끝날 때는 고릴태 슐을 먹는데 각별히 맛이 좋습니다. 좁쌀과 고기로 만든 수프인 샤르 보다태 슐шар будаатай шөл도 자주 먹습니다. 차가 씨가 말하기를, 몽골에 밀가루가 충분히 유통되기 전에는 주로 좁쌀을 먹었다고 합니다. 그렇다고 하면 아마도 옛날에는 샤르 보다태 슐 같은 것이 주식이었겠지요. 그 밖에도 고기를 넣은 볶음국수 초이왕цуйван, 고기 군만두 호쇼르хуушуур, 고기 찐만두 보즈бууз, 삶은 내장 요리인 게데스니 헐гэдэсний хоол, 푹 삶은 고기 요리인 차나산 마흐чанасан мах, 고기와 쌀로 만든 볶음밥 차강 보다태 호르가цагаан будаатай хуурга 등이 있습니다.

몽골 요리는 어떤 것이든 고기를 주로 사용하는 것이 특징입니다. 서아시아 유목민은 고기를 거의 먹지 않는 데 비해, 몽골 유목민은 고기를 일상적으로 먹는 것입니다. 대초원에서 시장을 수시로 이용하는 것이 불가능하기 때문에 거의 자급자족으로 살아갈 수밖에 없다는 사실이 몽골 유목민의 식생활을 좌우합니다. 몽골에서 가축을 거세하며 더 많은 수를 소유하려고 하는 이유도 이런 상황 때문입니다.

아침저녁으로는 젖을 짜고 가축을 돌보느라 바쁘지만, 낮 일과는 가축을 둘러보는 정도라서 의외로 자유 시간이 넉넉합니다. 그럴 때 촐롱 씨는 근처에 사는 유목민 가족을 방문해 마유주를 마시며 담소를 나누고, 차가 씨는 뜨개질을 즐기면서 지냅니다. 이렇게 가축과 더불어 사는 몽골 유목민의 생활이 대초원을 무대로 펼쳐지고 있습니다.

몽골은 춥다

촐롱 씨는 양과 염소의 씨수컷에게 앞치마를 둘러 줍니다. 10월
중순부터 앞치마를 벗겨 교미에 집중시키려는 것입니다. 5개월
의 임신 기간을 거쳐 딱 3월 중순부터 4월 중순까지 새끼가 일제
히 태어나도록 관리합니다. 3월 중순보다 일찍 출산하면 새끼가
본격적으로 먹이를 섭취해야 할 때 들판에 아직 풀이 충분히 나지
않아 곤란해집니다. 또 4월 중순보다 늦게 출산하면 새끼가 겨울
을 날 만큼 충분히 성장하지 못한 상태로 엄동설한을 맞이하고 맙
니다. 115쪽 첫 번째 도표에서 볼 수 있듯이 식물이 자라는 것은
대체로 4월 하순부터 9월 하순까지 5개월뿐입니다. 1년 중 반년
이상은 기온이 영하로 내려갑니다. 그만큼 몽골은 추위가 아주 심
한 북방 지역입니다.

　소와 말의 교미는 관리하지 않습니다. 따로 관리하지 않아도
마침 풀이 자라기 시작하는 4월부터 6월에 걸쳐 새끼를 낳기 때
문입니다. 소와 말은 자연의 섭리에 순응해 교미하고 출산함으로
써 번식합니다.

몽골의 젖 짜기

기온이 따뜻해지고 야생식물의 새싹이 나기 시작하는 5월 하순
부터 양, 염소, 그리고 소의 젖 짜기가 한꺼번에 시작됩니다. 말은
좀 늦게 7월에 들어서서야 젖을 짭니다. 젖 짜기의 막이 오르면
북쪽 나라 몽골도 풍요로운 결실을 맺는 계절을 맞이합니다. 이때

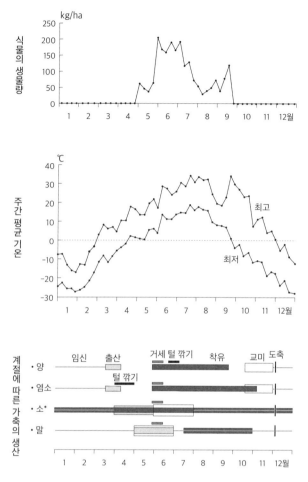

가 되면 촐롱 씨도 즐거워 보입니다.

젖 짜는 방법은 가축의 종류에 따라 달라집니다. 양과 염소는 한 마리 한 마리 끈으로 머리를 묶어 움직이지 못하게 해 놓고, 뒷다리 사이에 쪼그려 앉아 젖을 짭니다. 젖을 받는 양동이는 땅에

젖을 짜기 위해 머리를 끈으로 묶어 놓은 양과 염소

내려놓고 두 손으로 젖을 짭니다.

소의 경우에는 최유를 위해 송아지를 이용합니다. 우선 젖을 먹인 송아지를 곧장 어미의 유방에서 떼어 낸 다음, 땅에 매어 둔 밧줄에 묶습니다. 어미 소의 머리는 송아지 가까이에 위치시킵니다. 어미 소는 밧줄로 묶지 않습니다. 차가 씨는 작은 의자에 앉아 무릎 사이에 양동이를 끼고 어미 소의 왼쪽으로 손을 뻗어 젖을 짭니다. 어미 소가 거부할 때는 양쪽 뒷다리를 끈으로 묶어 움직이지 못하게 합니다.

말도 우선 망아지에게 젖을 먹이고 나서 차가 씨가 어미 말의 오른쪽으로 손을 뻗어 젖을 짭니다. 왼손은 어미 말 옆에, 오른손은 뒷다리 사이에 두고 리듬을 타며 젖을 짜냅니다. 오른쪽 무릎은 땅에 붙이고 왼쪽 무릎은 세워 엉거주춤한 자세를 취한 다음, 왼쪽 무릎 위에 놓은 양동이를 두 팔꿈치로 고정하면서 젖을 짭니다. 말은 두 시간마다 젖을 짜기 때문에 하루에 젖 짜는 횟수가 무

말젖 짜기

려 5~10회나 됩니다. 그러므로 망아지는 낮 동안 줄곧 밧줄에 묶여 있어야 합니다. 여름은 말젖을 얻을 수 있는 유별하게 기쁜 계절인 동시에 차가 씨가 잠시도 쉴 틈 없이 일해야 하는 힘든 시기이기도 합니다.

이렇게 양, 염소, 소, 그리고 말의 행동 특성에 따라 젖 짜는 방법이 각각 다릅니다. 가축 종에 맞는 격식이 따로 있는 것입니다.

115쪽 도표를 보면 알 수 있듯이 양은 9월 말, 염소는 11월 상순에 젖 짜기가 끝납니다. 촐롱 씨는 초원의 풀 상태만 좋으면 1년 내내 소젖을 짤 수 있다고 말하지만, 대체적으로 겨울에는 소도 젖을 짤 수 없습니다. 말젖 짜기는 7월이 한창때이지만 10월 중순경까지도 계속됩니다. 이렇듯 몽골에서도 1년 내내 젖을 얻지는 못합니다. 따라서 젖을 많이 얻을 수 있는 6월부터 8월까지 버터기름이나 치즈를 열심히 만들어서 기나긴 겨울을 대비해 보관해 둡니다.

117

고통스러운 연중행사

날씨가 따뜻해지면서 들판에 야생식물이 무성해지고 젖을 짜기 시작하는 5월 하순에 중요한 연중행사가 벌어집니다. 바로 가축의 거세입니다. 양과 염소는 행동 특성상 사지를 허공으로 향하게 하고 등을 땅바닥에 붙이면 난폭한 몸짓을 멈추고 얌전해집니다. 그때 칼집을 내고 고환을 손으로 단번에 뽑아서 거세합니다. 119쪽의 왼쪽 사진에 보이는 나무통에 도려낸 고환이 담겨 있습니다. 거세 작업 중에는 노간주나무(주니퍼베리)를 태워 향을 피웁니다. 촐롱 씨가 으이쌰 하고 고환을 잡아당겨 뽑을 때마다 얼마나 아플까 가슴을 졸이며 관찰했습니다.

서아시아의 시리아에서는 수컷 대부분이 태어난 지 반년 만에 팔려 가지만, 몽골에서는 수컷 새끼를 금방 팔지 않고 무리 안에 그냥 둡니다. 그런데 수컷이 많아지면 싸움이 벌어져 무리의 안정감이 깨져 버립니다. 또 싸우느라 힘을 낭비해 실팍한 살집을 얻을 수 없습니다. 그래서 교미를 위해 선택받은 수컷만 남기고 대다수는 거세해 버립니다. 몽골 유목민은 수컷을 수컷이 아닌 상태로 무리 안에 머물게 하고 필요할 때 고기로 이용하는 것입니다. 거세당하는 가축을 생각하면 불쌍한 마음이 들지만, 수컷과 암컷이 섞여 있는 대규모 무리를 유지하기 위해서는 몽골 유목민에게 꼭 필요한 기술입니다.

도려낸 고환은 어떻게 할까요? 이것 역시 버리지 않고 먹습니다. 젖과 함께 끓여서 조리하지요. 담백해서 먹기에 괜찮은 맛입니다. 고환은 단백질과 핵산이 풍부해서 피로 회복에 좋다고 합니다. 촐롱 씨는 싱긋 웃으며 두 그릇쯤 너끈하게 먹어 치웁니다.

촐롱 씨의 게르를 찾아가면 언제나 제일 먼저 차를 내줍니다. 보온병에 담긴 짭짤한 유차(수테 채cүүтэй цай)를 그릇에 따라 줍니다. 유차에서 짠맛이 난다는 게 상상이 잘 안 되겠지만 익숙해지면 참 맛있습니다. 아래 오른쪽 사진에 보이는 것 같은 유제품들도 함께 내줍니다. 튀긴 빵에 사탕과 하얀 크림을 얹은 것인데, 밀가루를 반죽해 만든 빵은 가축의 기름으로 튀깁니다. 숟가락을 올려놓은 유제품은 크림을 가공할 때 나온 부산물입니다. 이렇게 차 대접에는 유제품이 주를 이룹니다. 건조한 초원을 오래 여행하다 보면 유차와 유제품을 대접받는 일이 무척 기쁘고 감동적입니다.

몽골에서는 유제품을 차강 이데цагаан идээ('하얀 음식'이라는 뜻)라는 말로 총칭합니다. 양, 염소, 소의 젖으로 만든 유제품과 말젖

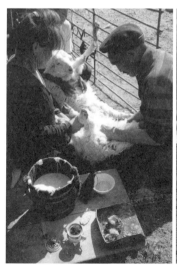

양의 거세　　　　　　　　　　　몽골의 손님 대접　　　　　　　**119**

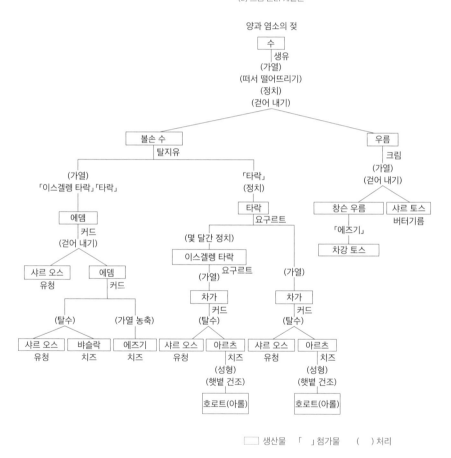

[1] 발효유 계열군

말젖
삼
생유
(교반)
(정치)
아이락
마유주
(증류)
시밍 아르히

[2] 크림 분리 계열군

양과 염소의 젖
수
생유
(가열)
(떠서 떨어뜨리기)
(정치)
(걷어 내기)

볼손 수
탈지유

우름
크림

(가열)
「이스겔렝 타락」「타락」

「타락」
(정치)

(가열)
(걷어 내기)

에뎀
커드
(걷어 내기)

타락
요구르트

창슨 우름
「에즈기」

샤르 토스
버터기름

샤르 오스
유청

에뎀
커드

(몇 달간 정치)
이스겔렝 타락
요구르트

(가열)

차강 토스

(탈수)

(가열 농축)

(가열)
차가
커드
(탈수)

차가
커드
(탈수)

샤르 오스
유청

뱌슬락
치즈

에즈기
치즈

샤르 오스
유청

아르츠
치즈
(성형)
(햇볕 건조)

샤르 오스
유청

아르츠
치즈
(성형)
(햇볕 건조)

호로트(아롤)

호로트(아롤)

□ 생산물　「　」첨가물　(　) 처리

몽골 돈도고비 마을의 유가공 체계

으로 만든 제품은 상당히 다릅니다. 양과 염소와 소의 젖에는 지방이 4~7퍼센트, 단백질이 3~5퍼센트 정도 포함되어 있는 데 비해, 말젖에는 지방이 1.9퍼센트, 단백질은 2.5퍼센트밖에 들어 있지 않습니다. 젖을 이루는 성분비가 다르면 만들어지는 음식물도 달라지는 것입니다. 그러면 하얗고 다채로운 몽골 음식의 세계로 들어가 볼까요?

달큼하고 부드러운 크림

몽골에서는 양, 염소, 소의 젖을 '수'ᴄʏʏ라고 부릅니다. 이 셋의 가공 방식은 거의 같습니다.

생유를 커다란 냄비에 넣고 가축 똥을 연료로 태워 가열합니다. 펄펄 끓어오르면 국자로 떠서 머리 높이까지 들어 올렸다가 냄비 안으로 다시 떨어뜨립니다. 이 작업을 스무 번쯤 반복하면 표면이 거품으로 뒤덮입니다. 그러면 국자로 떴다가 떨어뜨리는 일을 멈추고 약한 불로 한 시간 동안 가만히 가열합니다. 그대로

갓 만든 우름

하룻밤 두면 이튿날 아침에는 표면에 크림이 쌓여 있습니다. 이것을 국자나 손으로 걷어 모읍니다. 이렇게 만든 크림을 우름өрөм이라고 부릅니다. 가만히 놓아두는 단계에서는 표면의 거품이 날아가지 않도록 바람이 불지 않는 곳에 둡니다.

차가 씨에 따르면 표면에 거품이 두껍게 생기지 않으면 두툼한 크림을 얻지 못한다고 합니다. 또 거품을 만드는 과정에서 밀가루를 아주 약간 첨가하는 경우도 있습니다. 밀가루를 넣으면 거품이 더 잘 생긴다고 합니다. 이렇듯 몽골 유목민은 우름을 제대로 만들기 위해 주의를 기울입니다.

그도 그럴 것이 우름이 아주 맛있거든요. 이 크림은 순하고 부드러운 맛이 아주 고급스러운 유제품입니다. 전 세계를 다니며 온갖 유제품을 먹어 봤지만, 몽골 크림인 우름은 세 손가락 안에 꼽힐 정도입니다. 세계에 내놓고 자랑할 만한 유제품이지요. 살짝 젖산발효가 되어 흡사 사워크림sour cream 같습니다. 여름에 몽골 유목민의 게르를 방문하면 튀긴 빵과 치즈 등 유제품 위에 크림을 얹어 유차와 함께 대접해 줍니다. 119쪽 오른쪽 사진에서 튀긴 빵 위에 얹은 하얀 유제품이 바로 우름입니다.

크림에서 버터기름으로

막 만든 우름은 금세 먹을 수 있을 뿐 아니라 가열하여 샤르 토스шар тос라는 버터기름으로 가공할 수도 있습니다. 여름 동안 크림을 조금씩 모아 쌓아 두었다가 가을이 되면 커다란 냄비에 쏟아붓고 국자로 휘저으면서 약한 불로 가열합니다. 30분 정도 가열하면 표면에 노란색 버터기름이 떠오르는데, 국자로 떠서 작은 알루미늄 깡통에 담아 보관합니다. 상온에서 고체 상태인 버터기름은 몇 년이나 보존할 수 있다고 차가 씨는 말합니다. 버터기름은 차에 넣거나 튀긴 빵에 바르거나 요리에 사용합니다. 특히 유제품이 부족해지기 쉬운 기나긴 겨울의 귀중한 먹을거리입니다.

샤르 토스를 걷어 내고 남은 부분에 에즈기ээзгий라는 치즈를 넣고 잘 섞으면 차강 토스цагаан тос라는 유제품이 만들어집니다. 앞서 촐롱 씨가 대접해 준 음식 사진(119쪽) 가운데 숟가락을 얹어 놓은 것이 차강 토스입니다. 차강 토스는 직역하면 '하얀 기름'이라는 뜻입니다. 달리 번역할 만한 유제품 용어가 없지요. 양이나 염소의 혹위에 공기가 들어가지 않도록 차강 토스를 가득 붓고 마지막에 끈으로 묶습니다. 이것을 그늘진 침대 아래에 두고 건조합니다. 차강 토스는 소변과 같은 강렬한 냄새를 풍기기 때문에 게르에서 묵을 때 고생한 기억이 납니다. 오래 보존할 수 있는 차강 토스는 겨울과 봄에 꺼내 먹는 귀중한 먹을거리입니다.

샤르 토스 만들기

탈지유에서 요구르트와 치즈로

우름을 떠내고 남은 대량의 탈지유를 볼손 수бoлсoн cүү라고 부릅니다. 크림을 걷어 내고 남은 밀크라는 뜻입니다. 차가 씨는 매일 차에 이 볼손 수를 섞어 마십니다. 촐롱 씨에게 대접받은 유차에도 볼손 수가 들어가 있었습니다.

볼손 수의 주된 용도는 치즈 가공입니다. 치즈를 만들기 위한 첫 단계로 우선 탈지유를 요구르트로 만듭니다. 이 요구르트는 타락тараг이라고 부릅니다. 몽골의 여름 날씨에는 탈지유에 종균(지난번에 만들고 남은 요구르트)을 넣어 가만히 두면 여섯 시간 만에 요구르트가 만들어집니다. 타락에는 설탕을 뿌려 먹기도 하는데, 끝없이 펼쳐진 초원에서 신맛과 단맛이 조화를 이루는 요구르트를 먹는 맛이 얼마나 기막힌지 모릅니다. 촐롱 씨 가족은 어른이든 아이든 타락을 자주 먹습니다. 몽골에서는 이것을 먹는다고 하지 않고 '마신다'고 하지요. 아침보다는 잠들기 전에 자주 마시는데, 우리가 보통 아침에 상쾌하게 요구르트를 먹는 것과 달리 몽골에서는 자기 전에 먹어야 잠이 잘 온다고 합니다.

드디어 요구르트를 치즈로 만드는 단계입니다. 타락을 한 시간쯤 가열해 우선 차가цагаа라고 부르는 커드를 만듭니다. 그런 다음 천으로 만든 자루에 차가를 넣어 탈수합니다. 자루 안에 남은 고형분 치즈를 아르츠аарц, 자루 바깥으로 배출된 유청을 샤르 오스шар yc라고 부릅니다. 샤르 오스를 직역하면 '노란 물'입니다. 유청은 분명 노란색을 띠고 있지요.

아르츠는 끈으로 얇게 잘라 모양을 만든 다음 햇볕에 말려 보존합니다. 이렇게 완성한 치즈를 호로트хурууд 또는 아롤ааруул이

1. 차가 탈수
2. 아르츠 모양 잡기
3. 게르 지붕 위에서 건조하는
호로트(아롤)

라고 부릅니다. 유제품 하나에 명칭은 왜 둘인지 수수께끼입니다. 아마도 오랜 역사가 담겨 있다는 증거겠지요.

또 며칠 지나 쓴맛이 나는 타락이나 몇 개월 동안 가만히 두어 젖산발효를 시킨 타락(이스겔렝 타락исгэлэн тараг)을 가열하고 탈수해서 치즈를 만들기도 합니다. 타락으로 만든 치즈는 시큼하지 않지만, 이스겔렝 타락으로 만든 치즈는 신맛이 너무 강해서 빈말이라도 맛있다고 하기 힘듭니다. 몽골 유목민이 아니라면 쉽사리 도전하지 못할 겁니다. 차 대접을 받을 때 이스겔렝 타락이 나오면 감히 집어들 엄두가 나지 않지요.

유청인 샤르 오스는 더 가공하지 않고, 가축에게 주거나 배탈이 났을 때 약으로 마십니다.

125

요구르트를 응고제로

탈지유에 응고제로 요구르트를 넣어 치즈를 만드는 방법도 있습니다. 몽골에는 동물에서 유래한 응유효소인 레닛을 사용하는 관습이 없습니다.

탈지유(볼손 수)를 가열하면서 요구르트(타락)를 넣습니다. 요구르트를 넣는 비율은 탈지유 10리터당 1리터 정도입니다. 그러면 금방 응고하기 시작합니다. 이렇게 만들어진 커드를 에뎀ээдэм이라고 부릅니다. 요구르트를 더해 산도를 높이고 카세인을 불안정하게 만들어 응고시키는 치즈 가공 기술입니다. 커드는 천 자루에 넣어 압력을 가해 수분을 제거합니다. 이렇게 만든 치즈를 뱌슬락бяслаг이라고 부릅니다. 뱌슬락을 장기간 보존하려면 얇게 잘라 햇볕에 건조해야 합니다.

또 압력을 가해 탈수하지 않고, 커드를 그대로 센 불에서 두 시간쯤 더 가열 농축해 치즈를 만들기도 합니다. 이런 치즈를 에즈기라고 부릅니다. 앞서 차강 토스를 만들 때 넣는다고 한 치즈가 이것이지요. 에즈기는 햇볕에 돌처럼 딱딱하게 말린 보존용 치즈

접시에 담긴 호로트(아롤)와 에즈기. 납작한 갈색 치즈가 호로트, 작고 동글동글한 치즈가 에즈기이다. 오른쪽에 유차와 고깃점도 보인다.

입니다. 유청을 포함한 채로 가열 농축했기 때문에 젖당이 다량으로 들어 있습니다. 에즈기는 눌어붙은 젖당 때문에 캐러멜 같은 빛깔을 띱니다.

촐롱 씨 가족은 연료로 쓰는 가축의 똥, 커다란 냄비, 국자, 보존 용기 같은 간소한 도구만으로 크림과 버터기름, 요구르트에 몇 종류의 치즈까지 만들어 냅니다. 양, 염소, 소의 젖에서 지방분과 단백질을 취해 보존식품으로 만드는 것입니다. 몽골 유목민의 유가공 기술은 참으로 놀랍습니다.

몽골 하면 마유주

아이락айраг이라고 부르는 마유주는 가장 더운 계절인 여름에 맛볼 수 있는 훌륭한 음료입니다. 촐롱 씨가 아이락을 권할 때마다 저는 속으로 쾌재를 불렀지요. 말젖에는 젖당이 6.2퍼센트나 함유되어 있기 때문에 술을 빚을 수 있습니다. 반면에 단백질이나 지방 함량이 낮기 때문에 버터기름이나 치즈로 가공하지 못합니다. 오로지 술을 빚는 데 이용한다고 볼 수 있겠지요. 말젖은 양, 염소, 소의 젖인 수와 구별해 삼саам이라고 부르며 특별하게 취급합니다.

갓 짜서 따끈따끈한 말젖을 우선 식을 때까지 그대로 둡니다. 따뜻한 생유를 휘저어 섞으면 발효 상태가 변해 버리기 때문입니다. 그날의 젖 짜기가 끝나는 저녁 무렵, 후후르xyxyyp라고 부르는 전용 가죽 부대에 오늘 짠 말젖을 담고 막대기를 이용해 위아래로 2,000번쯤 휘저어 줍니다. 공기를 집어넣어 효모를 증식시키는

127

아이락 만들기

과정이지요. 가죽 부대 안에 소량의 마유주를 남겨 알코올발효를 위한 종균으로 쓰는데, 알코올발효 자체는 공기가 필요하지 않습니다. 가죽 부대 안을 휘젓고 나서 가만히 두면 이튿날 아침에는 신맛이 아주 약간 감도는 술이 됩니다. 말젖을 휘저어 그대로 놓아두기만 하면 술이 되는 것입니다. 시간이 지날수록 신맛은 강해집니다.

대부분의 몽골 지역에서는 탁주 상태의 마유주를 증류주로도 만들어 먹습니다. 증류 장치를 이용해 마유주를 증류하면 시밍 아르히шимийн архи라는 술이 만들어집니다. 알코올 도수는 10도 내외입니다. 오랜만에 친구를 만났을 때 나누어 마시는 시밍 아르히는 따뜻한 정이 넘치는 귀한 술입니다. 몽골 유목민들이 가축의 젖으로 증류주를 만들어 마신다는 사실이 놀랍지 않나요?

마유주 축제

말젖을 짜기 시작할 무렵에 마유주 축제가 벌어집니다. 말들 곁에서 노간주나무 잎을 태우고 하늘을 향해 유제품과 유차 등을 뿌리면서 감사를 올립니다. 다가올 마유주의 계절을 반기는 것입니다. 그때는 유목 생활을 영위하는 가족 모두가 함께 모여 유차와 유제

시밍 아르히를
마시는 모습

품을 맛보고 달리기나 가위바위보 같은 놀이를 하면서 초원에서
즐거운 한때를 보냅니다.

　말젖을 짜기 시작하면 매일 마유주를 만들 수 있습니다. 마유
주는 대체로 만든 날 바로 다 마십니다. 알코올 도수가 1퍼센트밖
에 되지 않지만 그래도 술이기 때문에 많이 마시면 기분이 알딸딸
해지지요. 여름이 되면 몽골 유목민은 아침나절부터 마유주를 계
속 마십니다. 여름에 게르를 찾아가면 팔뚝이 장작처럼 튼실하고
완력이 센 몽골 유목민이 당황스럽게도 덥석 팔짱을 끼곤 합니다.
마유주는 몽골 유목민에게 귀중한 식량입니다. 말젖을 짜는 동안
은 마유주가 식생활의 중심이자 주식이 되지요. 친구, 손님, 가족
과 아침부터 하루 종일 마유주를 마시면서 함께 웃으며 짧은 여
름의 축복을 누립니다. 즐거움으로 가득 찬 몽골 유목민의 여름이
얼마나 부러운지 모릅니다.

혹한을 활용하는 기술

겨울에는 어느 가축도 젖을 짤 수 없기 때문에 거의 젖을 얻기가
힘듭니다. 차에 밀크를 넣지 않고 마시면 아무래도 맛이 싱겁고
뭔가 부족한 느낌이 들지요. 그래서 겨울에도 유차를 마시기 위해
생유를 냉동 보존합니다. 10월 하순부터 11월 상순 사이에 짠 염
소젖을 기온이 영하로 떨어지기 시작할 무렵에 냉동하기 시작합
니다. 이는 젖을 짤 수 없는 겨울에도 유차를 만들어 먹기 위한 북
방 지역 고유의 보존 기술이라고 할 수 있습니다.

  냉동 보존하는 것이 또 하나 있습니다. 바로 고기입니다. 냉동
보존한 고기는 소중한 겨울 식량이지요. 겨울에는 가축도 살이 빠
져 야위기 때문에 도축해 봐야 먹을 것이 얼마 나오지 않습니다.
따라서 살진 가축을 초겨울에 일괄적으로 도축합니다. 가축이 야
위기 전에 대량으로 얻은 고기를 냉동해 겨울 식량으로 보존하는
것입니다. 12월 초에는 대대적인 도축 행사가 벌어집니다. 고기를
냉동 보존하는 것도 북방 지역의 자연환경을 잘 활용한 기술이라
고 할 수 있습니다. 이러한 식량 생산과 보존뿐만 아니라, 당일치
기 방목이나 게르 근처에 가축을 머무르게 하는 무리 관리도 혹한

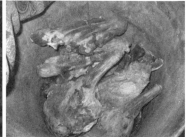

냉동 보존하는 생유(왼쪽)와 고기(오른쪽)

의 자연환경을 활용하는 기술입니다.

　몽골이라고 하면 한없이 펼쳐진 초록색 대초원을 떠올리기 쉽지만, 반년 가까이 이어지는 겨울 동안에는 온통 눈과 얼음으로 뒤덮여 있습니다. 엄동설한을 극복하기란 매우 힘듭니다. 그러나 몽골 유목민은 유라시아 대륙 북방의 혹한이라는 자연환경을 거꾸로 지혜롭게 이용하면서 씩씩하게 살아갑니다.

유라시아 대륙 북방의 젖 문화

요컨대 몽골 유목민의 젖 문화가 지닌 특징으로는 크림 분리, 요구르트를 응고제로 써서 치즈 만들기, 마유주 빚기 등을 꼽을 수 있습니다.

　서아시아나 남아시아에서는 요구르트를 휘저어 버터를 만들고, 버터를 가열해 버터기름으로 가공함으로써 유지방을 분리했습니다. 가축의 젖을 짜서 하룻밤 가만히 놓아두고 비중이 작은 유지방이 떠오르게 하는 크림 분리는 북방 지역이라서 가능한 유가공 기술입니다. 불볕더위 속에서 살아가는 서아시아에서는 젖을 가만히 놓아두면 대개 크림이 분리되기 전에 요구르트가 되거나 썩고 맙니다. 크림 분리 자체가 추운 날씨로 인해 발달한 유가공 기술인 것이지요.

　응고제로 요구르트를 사용하는 기술도 유라시아 대륙의 북방과 그 영향을 받은 지역에서만 찾아볼 수 있습니다. 어째서 레닛을 수용하지 않고 요구르트를 응고제로 사용하는 기술이 발달했을까요? 여기에 대해서는 명확한 이유가 밝혀지지 않았습니다.

말젖으로 술을 빚는 것도 추운 지역이기 때문에 가능합니다. 효모는 당(糖)을 알코올로 발효시킵니다. 14~16도 정도의 저온 또는 중온을 유지하면 효모가 젖당을 이용해 순조롭게 활동하면서 젖을 술로 바꿉니다. 북방의 여름 기후는 효모가 활동하기에 딱 알맞습니다. 최초의 젖 문화는 남쪽 지방인 서아시아에서 탄생했지만, 북쪽에 이르러 혹한의 자연환경 속에서 유주를 담그는 방향으로 나아갔다고 할 수 있겠지요.

이렇듯 유라시아 대륙의 북방 지역으로 전해진 젖 문화는 몇천 년이라는 오랜 시간을 걸쳐 한랭 기후에 적합한 유가공 체계를 발전시켰습니다.

6장

유럽에서 꽃핀
숙성 치즈

다양한 숙성 치즈가 즐비하게 놓여 있는 프랑스의 치즈 가게

서아시아의 건조 지대에서 탄생한 젖 문화는 습윤 지대인 유럽으로 전해져 화려하게 꽃을 피웠습니다. 드디어 치즈의 숙성이 시작된 것입니다. 카망베르, 하우다(고다), 체더치즈 등이 모두 숙성 치즈입니다. 특히 프랑스에서는 마을마다 고유한 숙성 치즈가 있을 만큼 대단히 다양하게 발달한 문화입니다. 오늘날 세계의 식탁을 화려하게 수놓는 숙성 치즈는 그 맛으로 사람들을 미소 짓게 하고 우리의 식탁을 풍성하게 만듭니다. 이제까지 살펴본 서아시아, 남아시아, 북아시아의 젖 문화에는 숙성 치즈가 등장하지 않았습니다. 이곳들에서는 곧바로 수분을 제거하고 햇볕에 말려 보존성이 좋은 비숙성 치즈를 만들었지요. 치즈의 숙성이야말로 유라시아 대륙의 건조 지대와 뚜렷하게 대조적인 유럽의 젖 문화입니다. 단순히 보존의 차원이 아니라 치즈의 맛을 좋게 하는 데 크게 공헌한 가공 기술이지요.

6장에서는 불가리아, 이탈리아, 프랑스의 치즈를 통해 치즈가 비숙성형에서 숙성형으로 변천해 간 역사를 살펴보겠습니다.

치즈의 숙성이 시작되다

유럽 지역에서는 서늘한 기후의 특성을 살려 치즈를 숙성시키려는 의식이 생겨났습니다. 숙성의 싹을 보여 주는 것으로 불가리아의 시레네сирене 치즈를 꼽을 수 있습니다.

불가리아 하면 요구르트가 떠오르지요. 노벨상을 수상한 미생물학자 일리야 일리치 메치니코프Илья Ильич Мечников가 요구르트를 많이 먹는 사람들 가운데 100세 이상 장수하는 사람이 많다며

불가리아 남부 로도피산(Родопи) 속의 마을. 메치니코프는 로도피산 현지 조사를 계기로 요구르트가 건강에 미치는 영향에 주목하게 되었다.

약 100년 전 불가리아의 이목민. 출처: 로도피산 몸칠로비치(Момчиловци) 마을 소장 자료

요구르트인 키셀로 믈라코(кисело млякo, 앞쪽)와 파이 반죽에 불가리아의 전통 치즈 시레네를 섞은 빵 바니차(баница)

발효유와 건강의 관계를 밝히는 표본 지역으로 삼은 곳이 바로 불가리아입니다. 일찍이 불가리아는 제2차 세계대전이 발발한 1940년대까지 카라카찬Каракачан이라는 고유한 품종의 양을 길렀습니다. 여름에는 산악 지대로, 겨울에는 에게해 등 저지대로 방목지를 옮겨 다니는 이목移牧이 불가리아인의 중요한 생업이었습니다. 이목에 의존해 온 불가리아 사람들은 요구르트뿐만 아니라 버터와 각종 치즈 등 가축의 젖을 식생활에 다각적으로 이용했습니다.

시레네도 그중 하나인 불가리아의 전통 치즈입니다. 지금은 시중에 파는 레닛을 응고제로 쓰지만, 전통적으로는 새끼 양이나 염소의 주름위를 썼습니다. 살균하지 않은 생유에 레닛을 몇 방울 떨어뜨리고 요구르트를 약간 넣습니다. 한 시간쯤 그대로 가만히 두면 응고하는데, 잘 휘저어 섞어 커드가 만들어지면 잘게 잘라 천 자루 등에 넣어 유청을 짜냅니다. 이렇게 만든 새하얀 치즈가 시레네입니다.

시레네는 적당히 사방 8센티미터 전후의 크기로 자릅니다. 이제부터가 흥미롭습니다. 신선한 맛을 좋아하는 사람은 만든 자리에서 당장 먹어 버리기도 하지만, 대다수 가정에서는 소금물에 절

불가리아의 전통 치즈인 시레네(왼쪽 사진). 왼쪽 접시가 갓 만든 것, 오른쪽 접시가 살라무라로 숙성시킨 것이다. 오른쪽 사진은 살라무라에 절여 둔 시레네 치즈.

여서 먹습니다. 터키어로 살라무라salamura라고 하는 이 소금물은 염분 농도가 15퍼센트 정도인데, 실온에서 40일 동안 치즈를 절인다고 합니다. 살라무라에 절이면 맛이 담백해지고 풍미가 더해집니다. 또 살라무라에 담가 서늘한 지하실에 두면 2~3년은 너끈히 보존할 수 있다고 합니다.

불가리아 사람들이 치즈에 소금을 첨가하는 이유는 부패가 지연되고 어느 정도 내버려 두면 풍미가 감돈다는 사실을 알기 때문입니다. 다시 말해 치즈를 '숙성'시킨다는 의식이 작용하는 것이지요. 숙성은 '식품을 어떤 조건에 두어 좋은 상태로 만드는 것'입니다. 숙성 도중에 젖에서 나오는 효소, 레닛, 유산균이나 곰팡이 효모에 의해 단백질, 지방, 젖당이 분해되면서 풍미를 감돌게 하는 성분으로 변합니다. 조직도 부드럽고 매끄럽게 바뀌어 가지요. 불가리아에서는 비교적 서늘한 환경에서 젖단백질 등이 천천히 분해되도록 시레네를 소금물에 담가 두어 치즈의 풍미를 확실히 높입니다. 소금물에 절여 두는 것뿐이지만, 이러한 숙성을 통해 수분 함량이 높은 연질軟質 치즈가 탄생합니다.

치즈는 숙성하면 단연코 맛이 좋아집니다. 보통 서늘하고 습도가 높은 환경에서 조건이 잘 맞으면 탁월한 숙성을 기대할 수 있습니다. 불가리아도 비교적 습도가 높은 편이지만 여름에는 60퍼센트 이하로 떨어지는 반습윤 기후입니다. 시레네를 소금물에 절이는 것은 이렇게 불리한 환경을 극복하는 기술인 것이지요. 불가리아의 유가공은 서늘한 환경을 이용해 시레네 치즈를 숙성시키는 방향으로 나아갔습니다. 치즈를 숙성시킨다는 불가리아 사람들의 의식이 유럽에서 숙성 치즈가 다양하고 적극적으로 발달하는 실마리가 되었습니다.

단단한 숙성 치즈의 등장

이윽고 경질硬質 치즈에도 숙성형이 등장합니다. 경질 치즈는 하우다 치즈처럼 수분이 적고 조직이 촘촘해서 제형이 단단한 치즈입니다. 인도유럽어족의 켈트인이 기원전 2000년대 무렵에 이미 경질 숙성 치즈를 만들기 시작했다고 합니다.

켈트인은 원래 중앙아시아 시베리아 초원 지대의 유목민이었습니다. 청동기 시대에 말을 이끌고 유럽을 향해 대이동을 시작했고, 루마니아를 비롯해 헝가리, 스위스, 독일, 프랑스에 걸쳐 광범위하게 뻗어 나갔습니다. 이들이 만든 커다란 경질 숙성 치즈는 '산의 치즈'라고 불리며 오늘날 유럽 전역에서 널리 만들어지는 경질 치즈의 원형이 되었습니다. 알프스산맥 같은 산악 지대에서 계절마다 이동하며 소젖을 짜서 가공해야 하는 사람들에게는 단단한 대형 치즈가 운반하기 편리했겠지요. 또 대형 치즈는 훨씬 느긋하고 부드럽게 숙성이 이루어집니다.

경질 숙성 치즈인 '산의 치즈'

이탈리아 북부의 알프스 기슭에서 본 숙성업자의 치즈는 얇고 평평한(두께 약 8센티미터, 직경 약 30~35센티미터) 대형 '산의 치즈' 였습니다. 그 숙성업자는 항상 해발 400~2,500미터의 알프스산맥에서 산의 치즈를 사들였습니다. 산속에서는 손에 넣기 어려운 소금을 대량으로 사용해서 방부 처리를 하는 것이 불가능합니다. 따라서 수분이 적당히 잘 빠져나갈 수 있도록 치즈를 얇고 평평하게 만들어야 보존성을 높일 수 있습니다.

산의 치즈 표면에는 특유의 갈색 가루를 흩뿌리고 다니는 진드기*가 다닥다닥 붙어 있었습니다. 숙성 창고 바닥에는 진드기가 먹다 남긴 찌꺼기가 잔뜩 널려 있었지요. 숙성 창고 내부는 암모니아 냄새가 코를 찌르고 눈까지 따갑습니다. 이런 것을 먹어도 될지 의심스러울 정도지만 겉면을 깎아 내고 먹어 보면 깊고 풍부한 맛에 감동합니다. 제대로 숙성이 이루어졌다는 것을 알 수 있는 맛이지요. 맛이 하도 좋아 눈이 휘둥그레진 나를 보고 숙성업자는 자랑스러운 듯 미소를 짓습니다. 산의 치즈는 표면에 진드기가 붙어 있어도 문제가 없을 뿐 아니라 취급 방법이 간단해 복잡

*   치즈가루 진드기(cheese mite)로 추정된다.

한 설비를 갖추기 어려운 산속에서 가공하기 좋은 치즈였음을 알 수 있습니다.

경질 치즈의 숙성에는 그리 높은 습도가 필요하지 않습니다. 70~80퍼센트 정도만 되면 치즈 안의 수분이 유지되어 자연스레 숙성이 이루어집니다. 알프스산맥은 여름에도 서늘하고 습도가 70퍼센트 정도입니다. 유럽의 산악 지대는 치즈 숙성에 적합한 환경을 갖추고 있었던 것입니다. 서아시아에서 탄생한 딱딱한 치즈는 유럽의 산악 지대를 중심으로 서늘하고 비교적 습도가 높은 환경을 이용한 경질 숙성 치즈로 발전했습니다.

산의 치즈는 산악 지대에서 더욱 세련됩니다. 퐁뒤 요리로 유명한 스위스의 에멘탈emmental 치즈나 그뤼예르gruyère 치즈는 산의 치즈 혈통을 잇습니다. 그리고 산의 치즈는 드디어 유럽 저지대로도 내려가 오랜 역사를 자랑하는 프랑스의 캉탈cantal이나 파스타 등에 갈아서 뿌리는 이탈리아의 파르미자노 레자노parmigiano reggiano(파르메산 치즈) 등의 대형 경질 숙성 치즈로 명맥을 이어 갑니다.

섬세하게 숙성시키는 캉탈 치즈

프랑스 중앙부의 구릉지에서는 오래전부터 캉탈이라는 경질 숙성 치즈를 만들었습니다. 세계적으로 유명한 영국 체더치즈의 원조라고도 합니다.

프랑스에서는 치즈에 지역적 특색을 담아내려고 갖가지 수완을 발휘합니다. 캉탈을 만들 때는 우선 오베르뉴Auvergne 지방의

왼쪽은 살레[소]와 나무통, 오른쪽은 숙성 중인 캉탈 치즈

살레Salers라는 전통 소한테서 짠 젖을 나무통에 담아 가공하는 곳으로 가져갑니다. 가열 살균하지 않고 레닛을 넣어 한 시간쯤 두었다가 커드가 생기면 천 자루에 잘라 넣고 탈수합니다. 다른 경질 치즈들과 비슷한 공정입니다. 다만 커드를 잘라 압력을 가해 탈수하는 작업을 몇 번이나 되풀이해서 수분을 충분히 제거한다는 점이 캉탈 가공의 특징입니다. 캉탈은 대략 직경 38센티미터, 두께 37센티미터, 무게 45킬로그램에 달하는 거대한 북 모양의 덩어리입니다. 직접 보면 그 존재감에 압도당합니다. 예전에는 프랑스 내륙 지방에서도 소금이 귀했습니다. 소금을 충분히 쓰지 않아도 캉탈이 이렇게 커질 수 있었던 것은 탈수를 철저히 했기 때문입니다. 구릉지를 내려가는 차바퀴 모양의 산의 치즈에 압력을 가해 탈수한 결과 두꺼운 북 모양으로 변한 것입니다.

　캉탈을 숙성시킬 때에는 온도와 습도를 전기로 조절할 수 있는 숙성 창고를 이용해 실온 약 9도, 습도 약 95퍼센트의 환경에서 숙성시킵니다. 이곳에 가만히 놓아두는 동안 흰 곰팡이나 효모

등이 캉탈에 들러붙습니다. 표면에 자연스레 들러붙은 것들을 일주일마다 천으로 정성스레 닦아 냅니다. 이리하여 탈수, 절단, 가염, 성형, 압착, 숙성이라는 기나긴 공정을 거쳐 캉탈이 만들어집니다. 1~3개월 정도 숙성한 것을 캉탈 죈cantal jeune, 3~6개월 정도 숙성한 것을 캉탈 앙트르되cantal entre-deux, 6개월 이상 숙성한 것을 캉탈 비외cantal vieux로 나누어 부를 만큼, 숙성의 정도에 주의를 기울입니다. 공정이 엄격하게 정해져 있고 온도와 습도를 충실하게 지켜야 하는 작업이지요. 숙성 중에 이루어지는 세심한 처리야말로 유라시아 대륙의 건조 지대에서는 찾아볼 수 없는 유럽 치즈 가공의 특징입니다.

부와 문명의 파르미자노 레자노 치즈

산의 치즈가 저지대로 내려와 발달한 또 다른 예를 보겠습니다. 이탈리아 북부의 포강 유역과 파다노베네타Padano-Veneta 평야 지대에서 주로 발달한 경질 숙성 치즈로 파르미자노 레자노가 있습니다. 두 달 동안 숙성시킨 파르미자노 레자노는 진하고도 복합적인 맛으로 입맛을 사로잡습니다.

　파르미자노 레자노는 13세기 말부터 만들어지기 시작했다고 합니다. 이 치즈의 발달에는 수도원이 깊이 관여되어 있습니다. 포강 유역은 습지대라서 농작물을 생산하기에는 불리한 땅이었습니다. 사육할 수 있는 가축도 중간 크기의 양 정도였지요. 중세에 베네딕트회와 시토회 수도원의 주도로 파다노베네타 평야에 배수 시설을 갖춘 결과, 목초지가 넓어지고 젖소도 많이 기르게

143

파르미자노 레자노

되었다고 합니다. 대형 치즈인 파르미자노 레자노를 만들려면 젖이 많이 필요하기 때문에 젖소를 많이 길러야 했지요. 또한 대형 냄비나 숙성 창고 등 규모가 큰 설비도 필요했습니다. 영세한 낙농가에서는 파르미자노 레자노를 가공하기 힘들었을 겁니다. 따라서 이탈리아 북부 저지대에 위치한 수도원에서 조직력과 재력을 들여 치즈 가공을 주도한 것이지요.

아펜니노산맥에서 흘러내려 오는 깨끗한 물, 포강 유역에서 채굴한 풍부한 암염, 광대한 목초지와 대규모 젖소 사육을 토대로, 교역 물자로서 파르미자노 레자노의 가공이 발달했습니다. 파르미자노 레자노라는 치즈는 이른바 부의 상징이면서 문화와 문명의 상징으로 여겨졌습니다. 수도원의 재력과 지혜, 조직력을 동원해 만들었기 때문입니다.

파르미자노 레자노는 산의 치즈와 가공법이 매우 비슷합니다. 레닛을 넣어 커드로 만들고, 커드를 잘라 55도까지 데우는 것이 특징입니다. 뜨끈하게 데워 수분 배출을 촉진하는 것입니다. 커드를 만든 뒤에는 포화 상태인 소금물에 담가 25일 정도 절입니다. 숙성시킬 때에는 온도가 20도 이상으로 올라가지 않도록 하고, 습도는 70퍼센트로 조절합니다. 습도가 아주 높지 않아도 된다는 점도 산의 치즈와 비슷합니다.

15세기의 파르미자노 레자노는 직경 42센티미터, 두께 8센티미터 정도로 형태도 산의 치즈와 매우 비슷했습니다. 그런데 시간이 지나면서 점차 두꺼워지다가 오늘날처럼 두께가 23센티미터에 이르는 북 모양으로 변화한 것입니다. 이렇게 두꺼워진 까닭은 소금이 충분히 공급되었기 때문이지요. 포강 중류에 있는 살소마조레Salsomaggiore라는 마을에서 암염을 풍부하게 채굴했거든요. 베네치아에서도 포강 유역으로 소금을 대량으로 공급했습니다. 이렇듯 이탈리아 북부의 저지대에서는 소금을 충분히 쓸 수 있었기 때문에 파르미자노 레자노는 점점 더 두꺼워지면서 북 모양으로 발달해 갔습니다.

동굴과 산속 오두막과 숙성 창고

숙성 치즈가 발달한 유럽도 여름에는 기온이 30도까지 올라가고 습도가 약 60~70퍼센트로 떨어집니다. 결코 치즈 숙성에 적합한 환경이라고 단언하기는 힘들지요. 그런데도 유럽에서는 어떻게 숙성 치즈가 발달할 수 있었을까요?

프랑스의 수많은 농가에서 캉탈을 만들 때 전기 숙성 창고를 이용합니다. 그러나 전기가 없던 옛날에는 온도를 유지하기 위해 동굴이나 산속 오두막을 이용했다고 합니다. 오베르뉴 지방에는 오늘날에도 산속 오두막을 이용하는 농가가 있습니다. 오두막은 나무를 베어 내어 조성한 숲속 목초지 한가운데에 두꺼운 돌을

1. 캉탈 숙성을 위한 동굴
2. 캉탈 숙성을 위한 산속 오두막
3. 산속 오두막의 내부

쌓아 세웁니다. 안쪽은 선선하고 수분을 머금은 돌이 자연 가습기가 되어 주지요. 자연의 힘을 이용해 만든 숙성 창고에서 여름에도 선선하게 온도를 유지하면서 치즈를 숙성시키는 것입니다. 경질 치즈의 숙성을 위해서는 이렇게 서늘하고 습도가 너무 낮지 않은 환경을 조성해야 합니다.

　캉탈을 숙성시키는 동안에는 일주일마다 표면에 달라붙은 효모와 곰팡이를 닦아 줍니다. 표면을 닦는 작업은 미생물을 문질러 바르는 일이기도 합니다. 이렇게 하면 딱딱한 껍질이 생기는데, 캉탈 내부에서 수분이 지나치게 증발하는 것을 막습니다. 이 또한 습도가 떨어지는 데 대한 대책인 것입니다.

　이탈리아 북부도 여름에는 더워지고 습도가 내려갑니다. 이러한 환경에 대처하기 위해 치즈 공방 북쪽에 숙성 창고를 짓고, 공방 건물의 그림자가 창고로 드리우게 합니다. 더운 여름에도 숙성 창고 안의 실온이 되도록 높아지지 않게 궁리한 것입니다. 나아가 숙성 창고 벽을 벽돌로 두껍게 지어 내부 온도를 일정하게 유지하도록 고안했습니다.

치즈 공방에서 일하는 기술자는 이렇게 말합니다. "껍질이 딱딱한 경질 숙성 치즈는 수분이 지나치게 증발하는 것도 문제지만 일정한 수분은 빠져나가야 하므로 온도를 낮게 유지하는 것이 아주 중요합니다." 경질 치즈의 숙성에는 그렇게까지 높은 습도가 필요하지 않고, 그보다는 서늘한 온도를 유지하는 것이 중요한 것입니다. 온도가 높으면 치즈가 부패해 버립니다. 20도 이하로 온도를 유지해야 숙성이 제대로 이루어지는데, 동굴이나 석조(벽돌) 오두막의 내부는 여름에도 선선하니 20도 이하를 유지합니다.

유럽은 창의적인 생각을 조금 보태면 숙성 치즈를 만들 수 있는 자연환경을 갖추고 있었습니다. 경질 숙성 치즈는 유럽의 자연환경에 잘 적응해서 발달할 만했던 것이라고 할 수 있겠지요. 이리하여 켈트인이 쌀쌀한 산악 지대에서 만들기 시작한 경질 숙성 치즈는 유럽 전역에서 널리 만들어졌습니다.

곰팡이와 부드러운 숙성 치즈

이번에는 카망베르 치즈와 같이 곰팡이가 잔뜩 덮인 연질 숙성 치즈가 유럽에서 어떻게 발달했는지 살펴봅시다.

치즈의 표면을 소금물로 닦으면 리넨스균*이라는 효모와 여러

---

*   브레비박테리움 리넨스(Brevibacterium linens).   **147**

종류의 곰팡이가 표면으로 퍼져 나갑니다. 이 표면을 씻어서 미생물의 분해 작용을 이용해 숙성시킨 치즈를 워시드 린드washed rind 치즈(표면 세척 치즈)라고 부릅니다. 수분이 많고 조직이 부드러워 숙성시키면 알맹이가 흐물흐물해지는 연질 치즈입니다. 이탈리아 북부에서는 탈레조taleggio라는 워시드 린드 치즈를 만드는데, 온 세계 사람들을 사로잡는 매력적인 치즈이지요. 탈레조의 탄생을 통해 경질 숙성 치즈에서 연질 숙성 치즈로 옮겨 가는 치즈 가공의 역사를 엿볼 수 있습니다.

탈레조는 원래 산의 치즈를 만들던 이목민이 겨울 동안에만 가공하던 치즈입니다. 이목민들은 여름에 알프스산맥 고지에서 소를 방목하다가 겨울이 되어 알프스 기슭으로 돌아와 저지대에서 탈레조를 만들었습니다. 탈레조는 스트라키노stracchino라고도 불리는데, '피곤한' 상태를 가리키는 이탈리아어 '스트라코'stracco에서 유래한 말입니다. 알프스산맥에서의 긴 여정을 마치고 저지대로 내려온 소들의 모습을 보고 이런 별명을 붙인 모양입니다.

탈레조는 표면에 곰팡이나 효모가 번식해야 하므로 습도가 높아야 합니다. 이탈리아는 겨울에 평균 기온이 5도까지 내려가고 습도는 상대적으로 높아집니다. 6도 이하의 낮은 온도와 80퍼센트 이상의 높은 습도가 필요한 탈레조를 만들기에 가장 적절한 시기라고 할 수 있지요. 겨울에만 저지대에서 만들던 탈레조는 실로 이목이라는 생활양식에 잘 적응함으로써 탄생한 치즈입니다.

또 옛날에는 숙성을 위해 천연 동굴이나 지하실을 이용했다고도 전해집니다. 이탈리아 북부에서는 이목민이 서늘한 겨울에 동굴이나 지하실의 낮은 온도와 높은 습도, 그리고 천연 미생물을 이용해 탈레조를 만들었던 것입니다. 사실 탈레조는 이탈리아 북

탈레조 치즈

부의 지중해성 기후에서는 제조하기 어려운 치즈입니다만 '겨울에 동굴이나 지하실 등 특수한 조건을 조성함으로써 일시적으로 제조'하는 식으로 치즈의 숙성 기술과 유형을 발전시켜 나갔습니다. 다시 말해 치즈 내부의 유산균 작용 등을 이용하는 경질 숙성 치즈에서 치즈 표면에 번식하는 곰팡이나 효모의 분해 작용을 이용하는 연질 숙성 치즈로 변한 것이지요.

흰 곰팡이가 만든 치즈의 왕과 여왕

카망베르는 표면에 흰 곰팡이를 피워 숙성시킵니다. 이론의 여지도 없지 않지만, 카망베르는 1791년에 프랑스 북부에서 탄생했다고 합니다. 19세기에 들어와서야 세계적으로 유통되기 시작했지요. 흰 곰팡이로 뒤덮인 카망베르는 비교적 새로운 치즈입니다. 약 200년의 역사를 갖고 있지요. 카망베르를 시작으로 흰 곰팡이 치즈가 곳곳에 퍼져 나갔습니다.

흰 곰팡이 치즈 자체는 중세 프랑스 북부 등지의 서유럽에서 만들기 시작했다고 합니다. 흰 곰팡이 치즈의 탄생에는 중세의 장원제도가 깊이 연관되어 있습니다. 구체적으로는 농가 여성의 역할이 중요했지요. 장원은 영주의 직영지, 소작인이 빌려 농사를 짓는 경작지, 방목을 위한 공유지로 이루어져 있고, 소작농이 전반적인 작업을 처리했습니다. 소작농 여성은 젖을 짜고 가공하는 것은 물론 가축을 먹이고 돌보는 동시에 농사일, 빵 굽기, 실잣기, 요리와 세탁 등을 모두 떠맡아 매우 바쁜 나날을 보냈습니다. 그들은 매일 일하는 동안 짬짬이 상대적으로 품이 덜 들고 단순한 치즈 제조도 담당했습니다.

흰 곰팡이 치즈는 서늘하고 습도가 높은 장소만 확보하면 장기 숙성해야 하는 경질 치즈보다 응고나 숙성 방법이 간단합니다. 농가의 지하실은 대체로 시원하고 습도가 높지요. 치즈를 채소 등과 함께 지하실에 넣어 두면 자연스레 흰 곰팡이나 효모가 들러붙어 숙성이 이루어집니다. 중세에 바쁜 농가의 여성이 한랭 습윤한 서유럽에서 흰 곰팡이 치즈를 탄생시켰다고 전해집니다.

초창기에 만들어진 흰 곰팡이 치즈로는 대형 치즈인 브리brie가 유명합니다. 브리는 '치즈의 왕', 카망베르는 '치즈의 여왕'으로

브리 치즈. 출처: 사단법인 제이밀크

불릴 만큼 둘 다 인기가 많습니다. 브리는 1,000년이 넘는 역사를 지닌 흰 곰팡이 치즈의 원조입니다. 브리 치즈의 기술을 바탕으로 카망베르를 개발했다고 하지요. 그래도 경질 숙성 치즈와 비교하면 역사가 월등하게 짧다는 것을 알 수 있습니다.

브리도 카망베르도 서유럽에서 탄생한 치즈입니다. 유럽 중에서도 서유럽 북부는 기후가 서늘하고 북해와 닿아 있어 습도가 높습니다. 이러한 환경에서 농가의 지하실 등을 이용하면 곰팡이가 충분히 번식할 수 있습니다. 흰 곰팡이 치즈는 사실 자연적으로 생산할 수 있는 지역이 한정적입니다. 그러던 것이 최근에 공업적으로 만들어지면서 세계 각지에 폭발적으로 퍼져 나갔습니다.

유럽의 숙성 치즈 발달사

유럽에서 숙성 치즈가 발달한 역사에 대해 정리해 보겠습니다. 서아시아에서는 숙성 과정 없이 수분을 극도로 제거해 거칠고 딱딱한 경질 치즈만 만들었습니다. 먹어 본바 결코 맛있다고 할 만한 유제품은 아니었습니다.

서아시아같이 덥고 건조한 자연환경에서는 잡다한 미생물이 치즈 속에서 급격하게 번식해 부패해 버립니다. 건조 지대는 습도가 낮기 때문에 치즈에서 수분이 급속하게 빠져나가면서 유익한 미생물의 활동까지 억제되기도 합니다. 그러니 서아시아에서는 부패를 막기 위해 곧장 물기를 빼고 햇볕에 말려 딱딱한 경질 치즈로 만들어야 합니다. 서아시아에는 곰팡이를 이용한 치즈가 전혀 존재하지 않습니다. 오히려 곰팡이에 대해 강한 혐오감을 가지

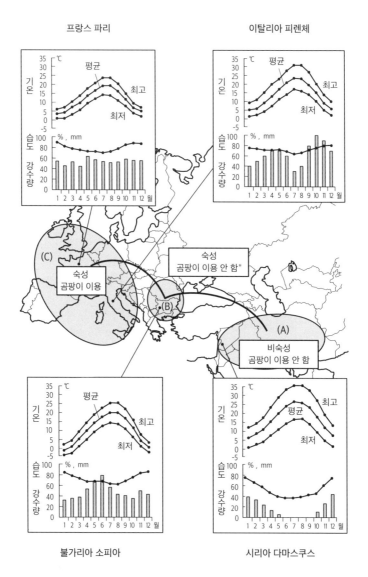

프랑스 파리

이탈리아 피렌체

불가리아 소피아

시리아 다마스쿠스

* 불가리아에서는 곰팡이를 이용한 치즈도 일부 확인되었다.

서아시아, 발칸반도, 유럽의 자연환경과 치즈 가공

고 있기도 하지요.

애초부터 서아시아는 곰팡이를 이용할 수 있는 자연환경이 아닙니다. 152쪽 (A) 지역의 도표를 보면 알 수 있듯이 겨울에도 월평균 습도가 80퍼센트에 이르지 못하고, 여름에는 월평균 습도가거의 30퍼센트까지 떨어지기 때문입니다. 그러니 서아시아에서는 필연적으로 곰팡이를 이용하지 않는 비숙성형 치즈가 발전한 것이라고 할 수 있겠지요.

이렇듯 건조한 서아시아에는 곰팡이를 이용한 식품이 존재하지 않습니다. 일본에서는 술을 만들 때 누룩곰팡이를 이용해 쌀의 녹말을 당화糖化하는 반면, 서아시아에서는 싹을 틔운 발아 보리 자체의 효소를 이용해 보리의 녹말을 당화합니다. 일본에서는 누룩곰팡이를 이용해 장아찌를 만드는 가공법도 발달했습니다만, 시리아에서 채소를 보존하려면 물기 없는 페이스트 상태로 만들거나 아세트산을 이용해 초절임으로 만드는 수밖에 없습니다. 일단 서아시아에서는 곰팡이를 일상적으로 이용하지 않습니다.

결국 서아시아에서는 치즈를 숙성한다는 의식이 생겨날 수 없었습니다. 여름 최고 기온이 순간적으로 50도까지 올라가는 불볕더위 속에서는 부패를 막는 일이 최우선입니다. 건조하기 때문에 곰팡이도 자라지 않습니다. 서아시아의 자연환경에서는 유제품을 숙성시켜 맛을 추구하기 이전에 오래 보존하는 일이 무엇보다 우선입니다. 서아시아의 치즈 가공을 결정한 요인은 '더위와 건조'라고 할 수 있습니다.

한편, 발칸반도의 불가리아에서는 숙성에 대한 인식이 확실하게 작용했습니다. 치즈를 소금물에 절여 숙성시킴으로써 풍미를 더했습니다. 발칸반도는 여름 동안 월평균 최고기온이 약 25도이고, 겨울에는 월평균 최저기온이 영하 5도까지 내려가 쌀쌀합니다. 이러한 환경에서는 치즈를 소금물에 절이면 장기 보존이 가능하기 때문에 염도만 잘 맞추면 됩니다. 한마디로 발칸반도의 치즈 가공을 결정한 요인은 '추위'이고, 거기에 '풍미'를 추구하면서 숙성시키는 방향으로 유가공을 전개해 갔다고 할 수 있습니다.

숙성 치즈는 알프스산맥을 중심으로 유럽 각지에 퍼져 나갈 때 경질 치즈 형태로 자리 잡았습니다. 알프스산맥 지역은 서늘한 반습윤 기후입니다. 켈트계 이목민이 소젖을 이용해 산의 치즈라고 부르는 대형 경질 치즈를 산악 지대, 나아가 저지대에서도 1년 내내 가공하기 시작했습니다. 경질 치즈는 숙성할 때 그렇게 높은 습도가 필요하지 않아 만들기 쉬웠기 때문에 초기부터 숙성 치즈로서 유럽에 널리 퍼졌을 것입니다. 유럽에서는 동굴 등을 이용해 자연 상태에서 숙성에 적합한 환경을 조성할 수 있었습니다. 경질 숙성 치즈는 유럽의 자연환경에 탁월하게 적응한 것입니다.

뒤이어 곰팡이나 효모를 이용한 연질 숙성 치즈가 탄생합니다. 이탈리아에서는 원래 겨울에만 곰팡이나 효모를 이용해 치즈를 만들었습니다. 경질 숙성 치즈인 산의 치즈를 만들던 이목민이 겨울에 산에서 내려오면 소젖을 이용해 워시드 린드 치즈인 탈레조 등을 만든 것이지요. 겨울의 '서늘함' 덕분에 동굴이나 지하실 등 습도가 높은 특수한 조건에서 곰팡이나 효모를 이용해 연질 숙성 치즈를 만들기에 이르렀습니다.

그 뒤로 서늘하고 습윤한 서유럽에서 곰팡이를 이용한 연질 숙성 치즈가 발달합니다. 서유럽 북부의 대서양 쪽에 자리 잡은 파리는 여름에도 월평균 최고기온이 약 24도입니다. 월평균 습도는 겨울에 90퍼센트, 여름에 70퍼센트 정도로 높은 편입니다. 그래서 지하실 등 적정한 온도와 습도를 갖춘 장소에서 흰 곰팡이를 이용해 만드는 치즈가 눈에 띄게 발달합니다. 맛있는 치즈를 만드는데 곰팡이가 효과적이라고 인식하면서 여러 가지 방법으로 온도와 습도를 관리했습니다. 그렇게 유럽의 넓은 지역에 걸쳐 곰팡이를 이용한 다양한 숙성 치즈가 적극적으로 만들어지고 발달했습니다. 유럽에서도 프랑스, 이탈리아, 스페인 등 미식으로 유명한 나라들은 식도락에 대한 욕구가 상당히 큽니다. 그러니까 유럽에서 적극적으로 곰팡이를 이용해 숙성 치즈를 만든 것은 그것이 미식을 즐기는 유럽 사람들의 입맛을 사로잡았기 때문이 아닐까요?

유럽 숙성 치즈 발달사의 밑바탕에는 경질 숙성 치즈가 있습니다. 그리고 이것이 나중에 낮은 온도와 높은 습도를 유지하는 기술과 시설을 갖추면서 곰팡이를 이용하는 연질 숙성 치즈로 발달해 갔습니다. 인류와 젖의 1만 년 역사 가운데 유럽은 숙성 치즈를 다양하게 발달시키는 데 적지 않은 역할을 해냈습니다.

7장

가축의 젖을
먹지 않는 사람들

물소를 이용해 논을 가는 인도네시아의 농민. 열대 습윤 기후의 인도네시아에서는 기본적으로 유가공과 무관한 음식 문화가 발달해 왔다.

인류가 가축의 젖을 이용함으로써 일상생활에서 가축에 의존하는 비중이 커지기 시작했고, 약 1만 년 전에는 목축이라는 새로운 생업이 탄생했습니다. 그러나 가축의 젖을 토대로 삼은 목축이 퍼지지 않은 지역이 있습니다. 맨 뒤쪽 별면 지도에는 15세기 무렵의 착유 지대가 표시되어 있는데, 가축의 젖을 짜던 지역은 아프리카와 아시아의 건조 지대 및 유럽뿐입니다. 습윤 지대인 동남아시아, 일본을 비롯한 동아시아, 오세아니아, 아프리카의 적도 부근, 그리고 신대륙은 본래 가축의 젖에 의존하지 않는 사회였지요. 가축의 젖을 짜고 이용하는 기술은 원래부터 온 세계 사람들이 공유한 것이 아니었습니다.

주로 건조 지대에서 젖 문화가 발전해 온 것은 이해됩니다. 그러나 유럽은 습윤 지대이면서도 가축의 젖을 이용해 온 지역입니다. 유럽의 사례는 단지 건조한 자연환경만이 젖 문화를 발전시킨 요인이 아니라는 사실을 말해 줍니다.

7장에서는 어째서 가축의 젖을 필요로 하지 않는 사회가 성립했는지에 관한 학설을 소개하겠습니다. 그리고 젖 문화권의 테두리 밖으로 젖 문화가 전해질 때 각 사회에서 이를 어떻게 수용했는지에 대해서도 살펴보겠습니다.

가축에 대한 의존도와 젖 문화

1장에서도 소개한 다니 유타카의 '모자 인식의 위기'라는 가설을 다시 한번 정리해 보겠습니다. 인간이 가축을 사육할 때 수백 마리의 무리로 관리했다는 것, 마릿수가 많은 무리에서는 모자간 상호 인식이 불안정해지는 일이 발생했다는 것, 이에 유목민은 어미 젖을 빠는 데 실패한 새끼를 위해 인위적으로 젖을 짜서 먹이기 시작했다는 것, 인공 포유를 하고 남은 젖을 유목민이 먹을거리로 이용하기 시작했다는 것. 이것이 젖 짜기가 시작된 계기라는 것이 다니 유타카의 주장입니다.

젖 문화권에 속하지 않는 동아시아와 동남아시아에서는 농경에 필요한 소 몇 마리만 키울 뿐 가축을 수백 마리씩 사육하지 않았습니다. 반면에 서아시아, 몽골, 인도, 유럽 등의 젖 문화권에서는 수많은 가축을 무리로 관리합니다. 가축을 '무리'로 사육하느냐 아니냐 하는 것에는 젖 짜기를 하느냐 하지 않느냐 하는 문제가 걸려 있습니다. 다니 유타카는 모자 관계에 주목하면서, 건조한 기후나 농경과의 관계에 대해서는 직접적으로 언급하지 않았습니다. 그러나 가축을 무리로 사육하고 축산물을 적극적으로 생산하게 된 데에는 농경에 적합하지 않은 건조 지대라는 배경이 있습니다. 다니 유타카는 '모자 인식의 위기'라는 가설을 주장하면서 건조한 기후와 낮은 농업 생산성에 대해서도 간접적으로 검토한 것입니다.

칼슘 섭취와 젖 문화

생태인류학자인 마빈 해리스Marvin Harris는 '칼슘 섭취'라는 관점에서 젖 문화의 발생 여부를 검토했습니다. 가축의 젖은 음식물이니 '먹는다'는 관점에서 생각한 것입니다.

애초에 인간은 칼슘이 결핍되기 쉽습니다. 15~17세 남성이 하칼슘이 많은 식품. 內藤(2009)를 바탕으로 고쳐 씀.

	100그램 중 함유량(mg)	한 끼분(mg)	한 끼분 함유량(mg)
우유	110	206,000	227
해산물			
뱅어포	210	5,000	15
벚꽃새우(남방젓새우)	2,000	8,000	160
정어리	70	60,000	42
말린 톳	1,400	8,000	112
진녹색 채소			
고마쓰나(소송채)	170	80,000	136

루에 섭취해야 하는 칼슘 양은 850밀리그램인데, 충분히 섭취하기가 상당히 어렵습니다. 영양 상태가 대폭 좋아진 오늘날에도 칼슘 섭취가 부족하다는 지적이 나올 정도입니다. 칼슘이 부족하면 구루병* 등 발육 장애가 생기고, 골연화증이 일어나 골절이 생기기 쉽습니다. 칼슘 결핍은 인간이 살아가는 동안 결정적으로 불리한 상황을 초래하므로, 칼슘을 충분히 섭취하고 소장의 흡수율도 높여야 합니다.

칼슘 함량이 높은 식품으로는 밀크(우유), 해산물, 그리고 진녹색 채소가 있습니다. 특히 우유는 한번 먹을 때 섭취할 수 있는 칼슘 양이 많은 먹을거리입니다. 진녹색 채소 이외의 채소, 곡물, 육류에는 칼슘이 많이 들어 있지 않습니다. 해산물과 진녹색 채소가 없는 상황에서는 우유를 마시지 않고는 필요한 양의 칼슘을 도저

* 비타민 D3가 결핍되어 칼슘이 제대로 흡수되지 않아 뼈의 변형(안짱다리 등)이나 성장 장애 등을 일으키는 병.

161

히 섭취할 수 없는 것입니다.

젖단백질을 구성하는 주성분인 카세인은 칼슘의 흡수를 돕습니다. 카세인은 소장에서 분해되어 카세인 인산펩타이드casein phosphopeptide, CPP라는 물질로 바뀝니다. 이 카세인 인산펩타이드가 소장에서 칼슘 흡수를 도와주지요. 젖당도 소장에서 칼슘 흡수를 촉진한다는 보고가 나와 있습니다. 2장에서 설명했듯 지구 상의 많은 사람들이 젖당 불내증 때문에 우유를 마시면 배가 부글거리며 설사를 하고 맙니다. 가축의 젖으로 칼슘을 섭취해야 하는 상황에서는 젖당에 내성이 있어야 유리합니다. 젖당에 내성이 생기면 생존율이 2퍼센트나 향상한다고 합니다. 카세인이나 젖당 덕분에 가축의 젖은 어떤 식료보다 칼슘의 흡수율이 좋습니다.

비타민 D3도 칼슘 흡수를 촉진하는데, 바다 생선에 많이 함유되어 있습니다. 해산물을 많이 먹는 일본인은 생선을 먹으면서 자연스럽게 칼슘 흡수도 촉진하는 셈입니다. 비타민 D3는 음식물뿐 아니라 햇빛으로도 공급됩니다. 피부에 햇빛을 쐬면 콜레스테롤로부터 비타민 D3가 합성됩니다. 피부에서 합성된 비타민 D3가 소장으로 가서 칼슘의 흡수를 촉진합니다. 특히 바다 생선을 잘 먹지 않는 유럽의 내륙 지역에서는 주로 일광욕을 하면서 비타민 D3를 보충했습니다. 피부색이 검거나 누런 것은 멜라닌 색소의 작용인데, 우리가 볕에 검게 그을리는 것도 멜라닌 색소가 만들어지기 때문입니다. 멜라닌 색소가 많으면 햇빛을 차단해 피부를 보호하고, 멜라닌 색소가 적으면 햇빛을 통과시킵니다. 유럽인은 피부에서 멜라닌 색소를 감소시켜 비타민 D3를 합성하기에 유리한 쪽으로 진화했습니다. 그렇게 유럽인은 백인이 되어 갔지요.

5,000년이 흐른 뒤에는 전 세계 인구가 백인으로 변한다는 계산

이 나와 있습니다. 유럽인의 피부색이 왜 하얀가에 대한 재미있는 고찰입니다.

유럽은 본래 내륙 지역부터 개척되었습니다. 내륙은 서늘한 삼림 지대인데, 나무를 베어 내고 농경과 목축을 시작했습니다. 열량이 높은 보리류 곡물을 우선적으로 재배했고 진녹색 채소 등을 재배할 여력은 없었습니다. 내륙 지역에서는 바다 생선도 먹을 수 없었습니다. 한마디로 가축의 젖 말고는 칼슘 공급원이 없었던 것입니다. 유럽인은 젖당에 대한 내성을 재빨리 획득해 소화시키기에 이르렀습니다. 그렇게 해서 유럽에서는 칼슘 공급원으로서 가축의 젖을 섭취해야 한다는 인식이 강해졌고, 유럽이 젖 문화권에 속하게 된 것입니다.

한편, 동아시아와 동남아시아는 사정이 다릅니다. 바다에 둘러싸여 온갖 바다 생선을 먹을 수 있었고 진녹색 채소도 양껏 이용했습니다. 집약적 농업 경영에서 가축은 쟁기를 끄는 소 몇 마리만 기르면 충분했습니다. 양과 염소는 필요하지 않았습니다. 도리어 '농경 → 농작물 → 남은 찌꺼기 → 돼지 사육'이라는 주기가 형성되었습니다. 특별히 가축의 젖을 필요로 하지 않는 생태 환경이었던 것입니다. 그렇게 해서 동아시아와 동남아시아는 젖 문화권의 바깥에 놓이게 되었다고 볼 수 있습니다. 이것이 '칼슘 섭취'라는 관점에서 생태인류학적으로 젖 문화에 대해 고찰한 마빈 해리스의 학설입니다.

대지를 먹는 안데스 사람들

남아메리카의 안데스산맥에서는 가축으로 라마와 알파카를 기르지만 젖은 이용하지 않습니다. 신대륙에서 가축의 젖을 짜기 시작한 것은 콜럼버스가 신대륙을 발견하고 소, 양, 염소를 들여온 이후입니다. 라마는 주로 짐을 실어 나르는 사역使役 동물이고, 알파카는 털을 생산하기 위해 기릅니다. 라마와 알파카가 사고로 죽거나 하면 그 고기를 이용합니다.

　미국의 생물인류학자 P. T. 베이커Baker와 R. B. 마제스Mazess는 해발 4,000미터가 넘는 안데스 고원에 사는 사람들의 음식물 섭취에 관해 조사했습니다. 165쪽 도표 항목 중에서 추뇨chuño는 감자의 수분을 빼서 건조시킨 보존식품입니다. 추뇨와 감자가 전체 열량의 78퍼센트를 차지하는 것을 볼 때 대체로 감자류에 의존한다는 것을 알 수 있습니다. 그 밖에 키노아quinoa와 카냐와cañahua 같은 명아줏과 곡물, 보리, 옥수수, 그리고 고기를 먹습니다. 탄수화물과 단백질 등의 에너지원은 감자류 중심의 식사로 충분히 섭취합니다. 그러나 칼슘이 부족하지요. 이런 식생활에서 섭취하는

방목 중인 라마

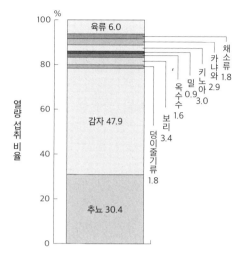

안데스 고원의 페루 푸노(Puno)주 멜가르(Melgar) 지방에 사는 주민들의 열량 섭취 분석
출처: Picon-Reategui(1976)

칼슘은 하루 440밀리그램 정도로, 하루 섭취 목표량인 850밀리그램의 절반 정도입니다. 앞서 언급한 마빈 해리스의 학설에 따르면 신대륙에서도 가축의 젖을 이용해야 합니다. 왜 그렇게 하지 않았을까요?

답은 안데스 대지에 있습니다. 바로 '대지를 먹는' 것입니다. 안데스 사람들은 탄산칼슘이 다량 함유된 석회석을 요리에 이용합니다. 땅에서 캐낸 석회석을 가열 분쇄해 산화칼슘(생석회)을 만들어 키노아나 카냐와 같은 곡물과 함께 푹 끓여 죽을 만듭니다. 이 음식을 카타위 라와catahui lahua라고 부릅니다. 안데스 사람들은 카타위 라와를 일주일에 한 번 내지 한 달에 두 번씩 먹습니다.

식물을 태운 재도 이용합니다. 키노아와 카냐와의 줄기를 태워 칼슘을 포함한 재를 모아 물과 섞어 반죽한 다음 작은 덩어리로 만들어 햇볕에 말립니다. 이것을 리프타llipta라고 부릅니다. 안데

165

스 사람들은 코카coca라는 잎을 즐겨 씹는데, 그때 리프타를 한 꼬집 정도 첨가하는 경우가 많습니다. 코카 잎을 리프타와 함께 씹으면 코카인 성분이 더욱 활성화된다고 합니다. 지역에 따라 리프타가 들어간 코카 잎을 매일매일 씹는 사람들도 있습니다.

이렇듯 안데스에서는 석회석과 식물의 재를 이용해 칼슘을 보충합니다. 유럽에서 칼슘 공급원으로 가축의 젖을 찾았다면, 신대륙에서는 다른 공급원을 찾은 것입니다.

신대륙에서 가축의 젖을 이용하지 않은 배경에 대해서는 여전히 논의가 계속되고 있습니다. 하지만 적어도 양분 섭취라는 관점에서는 가축의 젖을 필요로 하지 않았다는 것이 이해됩니다. 그들은 다양한 감자류와 명아줏과 곡물, 그리고 '대지'를 먹으며 필요한 영양소를 대부분 섭취하고 있었습니다. 라마는 짐 운반을 위해, 알파카는 털을 얻기 위해 이용하는 것으로 충분했습니다. 신대륙에서는 가축의 젖을 이용할 수밖에 없는 압력 요인을 찾을 수 없는 것입니다.

젖 문화권이 아닌 인도네시아

습윤 지대인 동아시아와 동남아시아에서도 군데군데 한정된 지역에서는 젖 짜기가 이루어진 사실을 확인할 수 있습니다. 여기에서는 젖 문화권에 속하지 않는 인도네시아의 사례를 살펴보겠습니다.

인도네시아의 숨바와Sumbawa섬에서는 말젖을, 수마트라Sumatra섬 서수마트라주에서는 물소젖을 이용해 왔습니다. 인도

수마트라 섬의 파당(padang) 요리.* 고기나 생선, 채소, 쌀 요리 등을 늘어놓고 먹는데, 양념으로는 고추나 코코넛 밀크를 이용한다.

네시아는 연간 강수량이 1,000밀리미터 이상, 월평균 기온이 연중 25~29도인 열대 습윤 기후 지역으로 몹시 무덥습니다. 거의 적도 바로 아래에 있기 때문에 1년 내내 긴 낮의 길이에 거의 변화가 없습니다. 인도네시아는 쌀, 채소, 콩류, 생선, 고기 등 먹을거리가 넘치는 사회입니다. 원래는 가축의 젖이 필요하지 않은 곳인데 어째서 젖 문화가 들어왔을까요?

---

* 서수마트라 지역에 근거를 둔 미낭카바우족(Minangkabau)의 전통 요리를 총칭한다. 소고기를 주재료로 코코넛 밀크, 강황, 레몬그라스 등 다양한 향신료를 듬뿍 넣고 푹 끓여서 만드는 렌당(rendang)이 대표적이다.

말젖은 영양 음료

수마트라섬에서는 말, 염소, 반텡banteng(발리 소), 물소, 닭을 기릅니다. 그중 젖을 짜는 대상은 말뿐입니다. 말젖은 팔아서 현금 수입을 올리거나 영양을 보충하기 위해 마십니다. 건물 안에 어미 말을 묶어 놓고 하루에 다섯 번, 세 시간마다 젖을 짭니다. 적도 바로 아래에 있기 때문에 어느 계절에나 말젖을 짤 수 있습니다.

말젖은 인도네시아어로 수수 쿠다susu kuda라고 합니다. 수수는 젖, 쿠다는 말을 뜻합니다. 가공하지 않고 날것 그대로 마시는데, 일주일에 한 번씩, 한 컵 가득 마십니다. 수수 쿠다는 달콤하고 깔끔한 맛이 납니다. 말젖에는 젖당이 많이 들어 있지만 한 컵 정도라면 대체로 소화하는 데 별 지장이 없습니다.

인도네시아 사람들은 '정력에 좋기' 때문에 말젖을 마신다고 합니다. 날달걀을 섞어 밀크셰이크처럼 만들어 마시는 경우도 있습니다. 참으로 영양 음료라 할 만하지요. 이렇듯 인도네시아에서 말젖은 체력을 회복하기 위한 보조 식품으로 이용하지만, 하루 세 끼 식사로 먹을 만큼 주요한 먹을거리는 결코 아닙니다.

수수 쿠다

가공은 요구르트까지만

수마트라섬의 서수마트라주에서는 물소의 젖을 짭니다. 이것은 수수 케르바우susu kerbau라고 부릅니다. 케르바우는 물소를 뜻하지요. 물소도 계절 번식을 하지 않습니다. 젖은 아침에 한 번만 짜는데, 주로 요구르트를 만드는 데 이용합니다. 요구르트는 다디아 케르바우dadiah kerbau라고 부릅니다. 힌디어에서 유래한 다디아는 요구르트를 가리킵니다.

물소젖을 가열하지 않고 대나무 통에 붓습니다. 그대로 하룻밤 놓아두면 발효하기 시작해 요구르트가 된다고 합니다. 인도네시아 사람들은 거기서 한 단계 더 나아가 치즈나 버터로 가공하지 않습니다. 요구르트 상태로만 이용하지요. 이렇게 수마트라섬에서는 물소젖을 가열하거나 살균하지도, 종균을 첨가하지도 않고 오직 자연 발효에 맡겨 요구르트로 가공할 뿐입니다.

내가 방문한 농가에서는 요구르트를 일주일에 두 번쯤 먹었습니다. 요구르트를 먹을 때는 소금과 얇게 썬 양파를 섞어 쌀밥에 얹어 먹기도 합니다. 서수마트라주에서는 요구르트를 주식으로

대나무 통에 넣어 발효시킨
다디아 케르바우

먹지 않고 드레싱 비슷하게 곁들이로 이용하는 것입니다.

도시에서는 요구르트에 당분을 첨가해 디저트로 이용합니다. 말린 쌀떡을 더운 물에 불려 요구르트에 넣고, 거기에 설탕, 코코넛밀크, 사탕수수 당밀을 뿌려 디저트로 먹습니다. 이것을 암피앙 다디아ampiang dadiah라고 부릅니다. 요구르트의 신맛이 감추어질 만큼 달콤합니다. 이렇게 도시에서도 요구르트는 주식이 아니라 보조적인 기호 식품으로 이용될 뿐입니다. 인도네시아의 요구르트는 결코 식사에서 중요한 위치를 차지하지 않습니다.

젖 문화권의 테두리 밖으로

일본도 원래는 젖 문화권에 속하지 않는 나라입니다. 일본에서 유제품은 우선 달콤한 간식으로 이용됩니다. 케이크, 푸딩, 소프트 아이스크림 등 우유로 만든 다양한 간식들은 이미 일본 사회 구석구석에 침투했습니다. 일본에서도 젖 문화는 기호 식품을 통해 확실하게 자리 잡고 있습니다.

또한 유제품은 영양 보조 식품으로 이용됩니다. 배변을 돕기 위해 요구르트를 먹거나 건강을 위해 유산균 음료를 마십니다. 우유나 요구르트를 습관적으로 섭취하는 것 자체가 건강을 생각하는 행동입니다. 옛날에도 아스카 시대부터 가마쿠라 시대에 걸쳐 유제품을 이용했지만, 당시에는 천황이나 귀족의 보양을 위한 보조 식품으로 대중적이지 않았습니다.

식생활이 서구화함에 따라 점차 유제품 소비량이 늘어나고 있습니다. 피자, 파스타, 햄버거 등에는 치즈와 버터가 들어갑니다. 서구적 식생활과 더불어 일본에서도 젖 문화가 발전합니다. 나아가 쌀과 함께 유제품을 먹습니다. 치즈 카레, 도리아 등 쌀밥과 유제품이 어우러진 양식을 먹기도 합니다. 인도에서도 쌀에 밀크와 요구르트를 얹어 먹지요. 쌀과 유제품은 궁합이 잘 맞습니다. 오차즈케ぉ茶漬け*에 치즈를 얹어도 아주 맛있습니다.

된장과 간장 등 발효식품과 치즈는 아주 잘 어울립니다. 된장국에 치즈를 넣거나 치즈에 간장을 뿌려 먹어도 맛있습니다. 최근 일본에서는 경질 치즈를 된장 속에 며칠 넣어 두어 치즈에 된장의 풍미를 더하기도 합니다. 이렇게 만든 치즈는 쌀밥과 잘 어울리지요. 소재와 역사적 배경은 다르지만, 발효식품(된장과 간장)과 발효식품(치즈)은 서로 참 잘 어울리는구나 싶습니다.

일본의 음식 문화를 훑어보면 젖 문화가 '기호 식품', '영양 보조 식품', '서구적 식생활', '쌀과의 조화', '발효식품 간의 융합' 등 다섯 가지 형태로 들어와 있다는 것을 알 수 있습니다. 유제품은 전통적인 일식과 조화를 이루기는 하지만, 양식 외에는 세 끼 식

---

*　녹차를 우린 찻물에 밥을 말아 김이나 매실 장아찌 등의 고명을 올려 먹는 일본 음식.

사에 중요한 음식 재료로 쓰이지 않는 경향이 있습니다. 젖 문화권의 테두리 밖으로 퍼져 나간 가축의 젖과 유제품의 역할은 어디까지나 기호 식품, 영양 보조 식품이었습니다. 이것이 애초에 가축의 젖이 필요하지 않았던 지역에서 젖 문화가 차지하는 숙명적 위상이고, 젖 문화권에 속하지 않은 사람들이 걸어온 1만 년의 행보입니다.

8장

인류와 젖의
1만 년

어미 양이 새끼에게 젖을 먹이고 있다.

인류 역사상 가축의 젖을 짜고 그것을 먹을거리로 이용하는 문화는 서아시아에서 출발한 것으로 보입니다. 그로부터 유라시아 대륙의 북방과 남방으로 전해진 젖 문화가 각각의 지역에서 독자적으로 발달하며 양극화한 것으로 짐작됩니다. 이것이 젖 문화 발달사에 대해 내가 주장하는 '유라시아 대륙의 젖 문화에서 나타나는 일원양극화' 가설입니다. 직접 돌아다니면서 보고 듣고 생각하고, 많은 지역에서 동등하게 현장 자료를 수집해 온 덕분에 이러한 가설을 세우는 즐거움을 얻었습니다.

지금부터는 이 '일원양극화'설에 따라 장대한 '젖 문화 1만 년'의 역사를 함께 더듬어 보겠습니다.

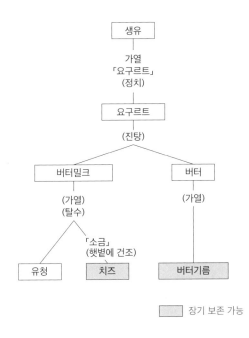

젖 문화의 바탕이 된 '서아시아형 발효유 계열군'의 유가공

쉽지 않은 젖 짜기

기원전 8700~8500년 즈음에는 서아시아에서 양과 염소를 가축으로 길들였고, 늦어도 기원전 7000년대에는 가축의 젖을 이용하기 시작했다고 이미 서술했습니다. 고고학적 성과를 바탕으로 이제까지 모아 놓은 상황 증거를 맞추어 보면 '젖을 짜고 이용하기 시작한 곳은 서아시아였고, 중앙아시아와 북아시아 등 주변 지역으로 퍼져 나갔다'는 가설을 이끌어 낼 수 있었습니다.

젖 짜기는 어려운 기술입니다. 젖은 어미가 대량의 혈액으로 만든 귀한 것이고, 어미는 원래 자기 새끼에게만 젖을 빨도록 허락하기 때문입니다. 같은 종이라도 자기 새끼가 아니면 젖을 주지 않습니다. 가축의 모자 관계를 관찰해 보면 어미는 울음소리와 냄새로 자기 새끼를 확인하고 젖을 물립니다. 하물며 다른 동물인 인간에게 선심 쓰듯 젖을 내줄 리 없지요.

인간은 가축의 젖을 가로채기 위해 최유라는 방법을 씁니다. 일단 새끼에게 젖을 조금 빨리고 나서 재빨리 새끼를 떼어 낸 다음 어미 얼굴 가까이에 묶어 두고, 새끼가 젖을 빨던 자리에서 어미의 젖을 짜는 것입니다. 이 방법은 특히 소, 물소, 말의 젖을 짤 때 자주 이용합니다. 새끼에게 우선 젖을 먹여 어미의 유방을 자극함으로써 젖이 잘 나오도록 유도하고, 젖을 짜는 동안 어미를 안심시켜 젖 분비를 지속시키는 효과가 있습니다.

오늘날에는 당연한 듯 소젖을 짜고 매일 신선한 우유를 마실 수 있지만, 젖 짜기는 본래 아주 어려운 기술이었습니다. 가축의 젖을 짜기 시작하면서 목축이라는 새로운 생활양식이 탄생했고, 가축의 젖과 각종 유제품이라는 새로운 먹을거리를 얻을 수 있었

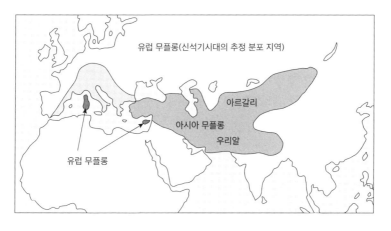

유라시아 대륙의 야생 양 서식지. 야생 양은 지역에 따라 무플롱(mouflon), 아르갈리(argali), 우리알(urial) 등으로 불린다. 출처: 角田(2009)

습니다. 이렇게 보면 젖 짜기는 인류의 일대 발명이라고 할 수 있 겠지요.

다만 양과 염소의 젖을 짤 때는 이런 식으로 하지 않습니다. 홋 카이도 도카치 지방에서 육용종肉用種 양인 서퍽suffolk을 사육하는 친구가 있는데, 새끼 양에게 먹이기 위해 젖을 짤 때는 어미 양의 머리만 끈으로 고정합니다. 새끼를 어미 머리 가까이에 묶어 두는 일은 없지요. 양과 염소는 소보다 젖을 짜기가 수월한 편입니다. 어쩌면 양과 염소가 가축화 과정에서 인간이 젖을 짤 수 있도록 개량하기가 더 쉬웠을 수도 있습니다. 그래서 양과 염소부터 가축 으로 길들이고 그 가축들의 젖부터 이용하기 시작했는지도 모릅 니다.

소의 가축화가 시작된 것은 기원전 6400년경으로, 양과 염소보 다 2,000년 정도 늦다고 추정됩니다. 양의 야생종은 유럽 남부에 서 서아시아, 남아시아 북부와 중앙아시아 남부, 북아시아 서부에

177

걸쳐 분포합니다. 염소의 야생종도 양과 거의 비슷하게 분포합니다. 따라서 양과 염소의 젖 짜기는 이들 동물의 야생종이 서식하는 어딘가에서 발생했을 것으로 보입니다. 애초에 아프리카 대륙이나 유럽 북부, 중앙아시아와 북아시아 북부에서 젖 짜기가 시작되었을 가능성은 거의 없다고 할 수 있습니다. 여하튼 비교적 젖을 짜기 쉬운 양과 염소라도 유목민은 새끼가 젖 먹는 소리를 흉내 내는 등 어떤 식으로든 최유 기술을 활용했다는 것도 확인할 수 있습니다.

서아시아에서 기원한 젖 문화

대다수의 유목민은 최유를 이용해 가축의 젖을 얻습니다. 살펴본 것처럼 젖 짜기는 가축의 모자 관계가 지닌 습성에 뿌리내린 고도의 기술로, 어디서고 아무렇게나 개발된 것이 아니었습니다. 신대륙에서는 가축의 젖을 이용하지 않았고, 동남아시아와 동아시아에서도 일부 지역 및 귀족을 제외하면 대중은 유제품을 가까이 하지 못했습니다. 이들 지역에서 가축의 젖을 이용하지 않았던 것은 젖 짜기가 어디에서나 개발될 수 있을 정도로 단순한 기술이 아니라는 사실을 반증합니다. 이 사실이야말로 젖 짜기가 여러 지역에서 다원적으로 발명되었다기보다 서아시아라는 특정한 지역에서 우선 발명되어 주변 지역으로 전해졌다는 가설을 강력하게 뒷받침해 줍니다.

동물유전학자인 쓰노다 겐지(角田健司)는 가축으로서 양이 전파된 경로를 조사했습니다. 그에 따르면 양은 서아시아에서 가축화

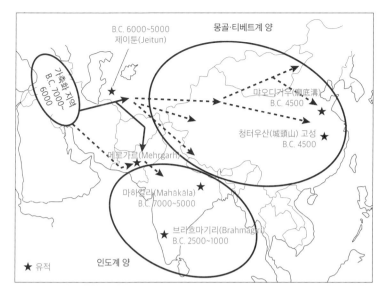

가축으로서 양이 전파된 경로를 추정한 지도.
출처: 角田(2009).

되어 유럽과 남아시아, 중앙아시아, 북아시아로 전해진 것으로 추정됩니다. 다니 유타카도 "서아시아에서 개발한 양, 산양, 소의 목축이 착유 및 유가공 기술과 더불어 널리 구대륙 및 아프리카로 급속하게 전파되었다"고 정리합니다. 이렇게 가축의 젖을 짜고 가공하는 기술과 목축이라는 생활양식이 한 꾸러미로 널리 퍼지는 과정에서 이 새로운 식량 자원이 인간 생활에 끼친 의의를 높이 평가합니다.

가축의 젖을 짜지 않는 지역의 존재, 고고학적 성과, 모자 관계의 생리와 습성, 동물생태학 및 유전학의 관점에서 보면, 야생동물을 가축으로 길들여 젖을 짜고 가공해 이용하는 문화는 서아시아에서 탄생해 주변 지역으로 전해졌다는 가설이 성립합니다.

최초의 유가공

가축의 젖을 보존하기 위한 최초의 유가공 기술은 분명 젖산발효를 이용한 요구르트 가공일 것입니다. 유산균은 세계 어느 곳에나 항상 존재하고 서아시아같이 더운 기후 환경에서는 젖을 가만히 놓아두기만 하면 자연스럽게 젖산발효가 진행되기 때문입니다. 생유를 요구르트로 가공하는 것은 이미 젖 짜기가 시작된 시점에 정해진 운명이겠지요. 요구르트 가공은 가죽 부대 같은 주머니에 나무나 돌로 된 그릇만 있으면, 토기나 철기를 발명하기 전이라도 가능했습니다. 이 역시 역사적으로 매우 이른 시기에 유가공 기술이 개발된 요인일 것입니다. 이렇게 볼 때 젖산발효에 의한 발효유 계열군의 유가공이 서아시아에서 시작되어 북아시아와 남아시아로 전파되었다는 가설을 이끌어 낼 수 있습니다.

남방으로 전해진 서아시아의 젖 문화

4장에서 남아시아 유목민은 발효유 계열군의 유가공 기술만 이용한다고 소개했습니다. 그들의 기술은 서아시아형 발효유 계열군에서 치즈 가공(버터밀크의 가열, 살균, 탈수)만 빠진 것이었습니다. 한마디로 남아시아의 유가공 체계는 서아시아의 영향을 받아 성립했다고 볼 수 있습니다. 이렇듯 남아시아와 서아시아는 '서아시아형 발효유 계열군'의 유가공이라는 토대와 더운 기후 환경 아래 공통된 젖 문화의 특징을 형성했다고 이해할 수 있습니다. 무더운 유라시아 남방 지역에서는 '젖을 요구르트로 만들어 보존성을 높이는 일'을 무엇보다 우선시했습니다. 그리고 요구르트에서 지방과 단백질을 분리해 보존하는 유가공이 전개되었습니다.

　나아가 남아시아의 도시와 농촌에서는 발효유 계열군, 응고제 사용 계열군, 가열 농축 계열군, 크림 분리 계열군이라는 네 가지 유가공 기술을 모두 이용한다는 특징도 있었습니다. 남아시아의 경우, 서아시아에서 전수받아 남방 지역이 공유하던 서아시아형 발효유 계열의 유가공을 토대로 삼으면서도 가열 농축 계열군이라는 독자적인 유가공 기술을 발달시키며 복합적인 젖 문화를 형성했다고 볼 수 있습니다.

북방으로 전해진 서아시아의 젖 문화

이번에는 유라시아 대륙의 북방으로 시선을 돌려 북아시아와 중앙아시아의 젖 문화가 지닌 특징과 발달사를 정리해 보겠습니다. 5장에서 북아시아 젖 문화의 특징으로 크림 분리, 요구르트를 응고제로 쓰는 치즈 가공, 유주 담그기 등을 소개했습니다.

　크림 분리는 유라시아 대륙 가운데 북아시아와 중앙아시아 등 북방 지역을 중심으로 특히 추운 지역에서만 볼 수 있는 유가공입니다. 북방 지역에서는 크림 분리 계열군이 유가공의 중심을 이룹니다만, 현장 조사와 상세한 문헌 연구를 진행한 결과, 북아시아에도 서아시아형 발효유 계열군의 유가공이 널리 분포되어 있다는 것을 알 수 있습니다. 북아시아에서는 젖에서 유지방을 분리하는 기술, 즉 북방 지역의 특징적인 크림 분리 계열군 기술뿐만 아니라 남방 지역에서 주류를 차지하는 서아시아형 발효유 계열군

의 유가공도 널리 이용했고 이용하는 것입니다. 이렇게 해서 일단
은 서아시아에서 출발한 발효유 계열군 유가공이 북아시아 전역
으로 전파되어 나갔다고 추측할 수 있습니다.

북아시아는 추워서 젖산발효의 진행이 더딥니다. 따라서 서아
시아형 발효유 계열군의 유가공 방식으로 젖을 가열해 가만히 두
면 요구르트가 되기도 전에 크림이 떠오르고 맙니다. 젖을 발효
시키는 유산균 대다수는 중온성中溫性이고, 생장에 적정한 온도는
20~40도입니다. 이보다 온도가 너무 높거나 낮으면 발효가 제대
로 되지 않습니다. 몽골에서는 가장 더운 시기에도 평균 최저 기
온이 20도를 밑돌고, 평균 기온이 20도를 넘는 계절도 여름 한 달
뿐입니다. 발효가 더디면 더딜수록 크림은 더욱 잘 떠오릅니다.
유라시아 대륙의 차가운 북방 지역에서 크림 분리 계열군이 발달
한 것은 필연적이라고 할 수 있습니다. 중앙아시아의 젖 문화가
발달한 역사도 북아시아와 마찬가지 과정으로 살펴볼 수 있습니
다. 이리하여 서아시아형 발효유 계열군의 유가공은 북방 지역에
서 크림 분리 계열군으로 발달해 갔습니다.

또 북방 지역의 쌀쌀한 기후는 유주를 탄생시켰습니다. 여름에
도 14~16도의 저온 내지 중온 상태를 유지할 수 있으니, 젖을 휘
저어 섞기만 해도 효모가 활성화하여 하루 만에 자연스럽게 알코
올 함량이 낮은 유주로 바뀝니다. 북방 지역은 쌀쌀한 기후 환경
을 자연스럽게 마련할 수 있는 최적의 지역이므로, 이곳에서 유주
가 발달한 것도 필연적일지 모릅니다.

현재 서아시아에서 볼 수 있는 발효유 계열군의 유가공과 북방
의 젖 문화권에서 볼 수 있는 크림 분리 계열군의 유가공은 달라
도 너무 다릅니다. 그러나 북방 지역의 쌀쌀한 기후라는 환경 요

인을 염두에 두고 유가공의 변천을 분석하면, 북방 지역과 남방 지역의 유가공 사이에 깊은 연관성이 엿보입니다. 결국 북방 지역의 유가공은 서아시아에서 전파된 발효유 계열군을 바탕으로 환경적 특색에 맞게 발달한 것이라고 추론할 수 있겠지요. 이렇듯 서아시아형 발효유 계열군을 북방 지역의 고유한 유가공으로 바꾼 주된 요인은 틀림없이 '쌀쌀함'입니다. 그로 인해 크림 분리나 알코올발효 기술이 발달한 것입니다.

남아 있는 과제

한랭한 환경에서는 젖산발효가 억제되고 크림 분리가 활발해집니다. 그러나 유산균에도 여러 종류가 있어서 20~40도가 생장에 적당한 중온성 유산균이 있는가 하면, 40~60도에서도 잘 증식하는 유산균이 있고 7도에서도 생장하는 저온성 유산균도 있습니다. 그보다 더 낮아지면 젖산발효가 억제되는 것은 사실이지만, 실제로 젖산발효보다 크림 분리가 우세해지기 시작하는 온도가 몇 도인지는 아직 밝혀지지 않았습니다.

한편 크림이 떠오르는 것은 지방구 크기에 영향을 받습니다. 가축 종에 따라 젖 속 지방구의 크기가 다른데, 지방구가 클수록 떠오르기 쉽습니다. 한마디로 크림 분리는 온도뿐만 아니라 가축 종에도 영향을 받습니다.

북방 지역에서는 쌀쌀한 기후가 유가공 체계에 크게 영향을 준다고 말했습니다만, 구체적인 수치 지표를 명확하게 밝히기 위해서는 양, 염소, 소, 낙타, 말을 대상으로 북방 지역에 서식하는 유

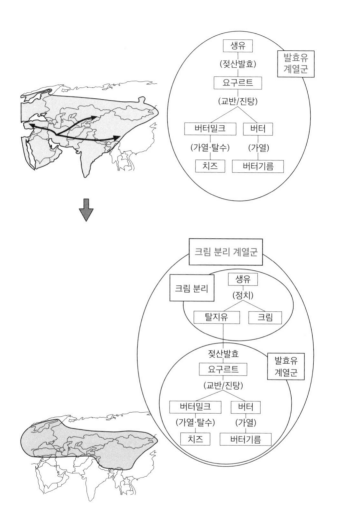

〔b〕 유라시아 대륙 북방 지역에서 발효유 계열군이 크림 분리 계열군으로 변천

[c] 유라시아 대륙 북방 지역에서 발효유 계열군이 크림 분리 계열군으로 발달

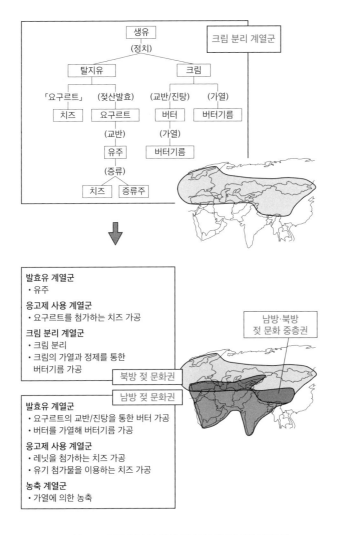

[d] 유라시아 대륙의 발효유 계열군과 크림 분리 계열군의 이중 구조

북방 젖 문화권과 남방 젖 문화권의 발달

산균을 사용해 젖산발효와 크림 분리에 미치는 온도의 영향을 실험할 필요가 있습니다. 이러한 실험에 북방 지역에서 발달한 젖문화 역사를 검증하는 일이 달려 있습니다.

젖 문화권의 양극화

유가공 기술의 차이로 젖 문화권을 나눌 수 있다면, 유라시아 대륙에는 북방 젖 문화권과 남방 젖 문화권이 존재합니다. 나아가 양자의 기술이 상호 영향을 준 젖 문화 중층권도 존재한다고 볼 수 있습니다. 북방 젖 문화권에서는 크림을 적극적으로 분리(크림 분리 및 크림을 이용한 버터기름 가공)하고 유주를 만듭니다. 요구르트를 응고제로 사용하는 것도 특징입니다. 남방 젖 문화권에서는 교반(휘젓기)과 진탕(흔들기)을 통해 요구르트에서 유지방을 적극적으로 분리(버터 가공 및 버터를 가열해 버터기름 가공)한 뒤 가축(반추동물)의 주름위에서 생성되는 응유효소인 레닛을 이용해 치즈를 가공합니다.

　현재 서아시아에서 볼 수 있는 발효유 계열군의 유가공이 남아시아와 북방 지역으로 전파되었습니다. 북방 지역에서는 쌀쌀한 기후 때문에 크림을 분리하는 유가공이 최초로 이루어집니다. 생유에서 크림을 분리하고, 남은 탈지유는 젖산발효를 통해 요구르트로 만들고, 요구르트를 휘젓고 흔들어 버터를 가공하고, 버터밀크의 열 응고와 탈수를 통해 치즈를 가공하는 것으로 변천해 갑니다. 최초 단계는 크림 분리 계열이지만 탈지유 이후의 유가공 체계는 서아시아형 발효유 계열군을 따라갑니다. 오늘날 티베트 고원에서도 이러한 이행적 크림 분리 계열군의 유가공이 이루어집니다.

크림 분리 계열군의 유가공은 추운 환경에서 더욱더 발전해 갑니다. 내몽골과 중앙아시아, 티베트 고원에서는 지금도 크림을 휘젓고 흔들어 버터를 가공합니다. 몽골에서는 이러한 과정 없이 크림을 직접 가열해 버터기름으로 가공합니다. 이것은 크림을 분리하기에 이르렀기 때문에 전개된 유가공입니다. 또 탈지유를 휘젓고 흔들어도 버터의 생성을 크게 기대할 수 없는 상황에서는 이기술이 유주를 담그는 데 이용됩니다. 탈지유를 휘젓고 흔들어 공기를 집어넣음으로써 효모를 증식시키고 알코올발효를 촉진하는 공정으로 의미가 변화한 것입니다.

가공의 의미는 달라졌지만 요구르트/탈지유의 교반과 진탕 자체는 같은 작업입니다. 생성물이 버터에서 술로 바뀌었을 뿐이지요. 다시 말해 남방 지역의 버터 가공(요구르트의 교반 및 진탕)과 북방 지역의 유주 가공(탈지유의 교반 및 진탕)은 본래 동일한 가공 처리였을 가능성이 높습니다. 이러한 변천을 통해 크림 분리와 유주 제조라는 북방 젖 문화권의 특징적인 유가공이 자리 잡습니다.

버터기름과 치즈를 가공하는 서아시아의 발효유 계열군이 남방 지역에서는 보존 기술로서 발전하고 북방 지역에서는 쌀쌀한 기후 조건과 만나 독특한 젖 문화로 발달해 갔습니다. 서아시아에서 형성된 남방 지역의 '발효유 계열군', 북방 지역에서 발달한 '크림 분리 계열군'이 유라시아의 유가공에 두 가지 토대를 제공했습니다. 또한 북방 지역에서는 요구르트를 응고제로 삼아 치즈를 가공하는 기술을, 발칸반도에서는 아마도 레닛으로 치즈를 만드는 기술을 개발해 나간 것으로 생각됩니다. 나아가 유럽에서는 서늘한 환경에서 치즈를 숙성시키는 방향으로 발전했습니다.

유라시아 북방과 남방으로 젖 문화가 양극화하는 가운데 세계 각 지역에서는 가열 농축 계열군, 응고제 사용 계열군, 유주 가공, 치즈 숙성 등 새로운 기술을 개발하고 젖 문화를 더욱 발전시켰다고 정리할 수 있습니다. 유라시아 대륙의 젖 문화에 대해 일원양극화설을 주장하는 근거가 여기에 있습니다. 이것이 우리 인류가 걸어온 1만 년의 젖 문화 역사입니다.

연구의 핵심은 '재미'에 있습니다. 재미있기 때문에 힘든 조사도 해낼 수 있고 밤을 새워 가며 탐구할 수도 있지요. 이십대 무렵에 찾아간 서아시아 땅에서 젖 문화의 재미에 눈떴고, 정신을 차려보니 세계 곳곳으로 젖 문화를 찾아다니는 동안 20년이 흘렀습니다. 그만큼 유목민의 생활에는 즐거운 자극이 넘치고 젖 문화의 조사 연구는 가슴을 설레게 합니다.

우리는 별일 아닌 듯 항상 우유를 마십니다. 하지만 가축의 젖을 이용하게 된 것은 새로운 생활양식을 탄생시킬 만큼 인류 역사에 있어 커다란 사건이었습니다. 이러한 사실과 더불어 가축의 젖을 생활의 중심으로 삼는 사람들이 있다는 것 등 젖 문화의 깊이와 매력을 전하고 싶다는 생각으로 이 책을 집필하게 되었습니다. 서점에 가면 우유의 과학을 소개하는 책은 적잖이 나와 있지만, 인류가 가축의 젖을 짜고 가공해 온 역사를 담은 책은 많지 않습니다. 젖 짜기의 시작, 유가공 기술의 전달 경로, 유라시아 지역마다 다른 젖 문화의 특징과 다양성에 주목하면서 1만 년에 걸친 젖 문화의 역사를 그려 내자는 편집자의 기획을 바탕으로 현장에서 얻은 상황 증거와 과학적 사실을 활용해 이 책을 써 내려갔습니다. 젖 문화의 재미를 나누고 싶다는 마음으로 젖 짜기의 의의와 가축 관리 구조, 유목민의 생활 모습 등에 대해서도 언급했습니다. 아무쪼록 즐겁게 읽어 주기를 바랄 뿐입니다.

책을 집필할 때 수많은 문헌을 참고했는데 그중 주요 문헌만 뒤쪽에 적어 두겠습니다. 하나같이 가축의 젖과 목축에 관해 배우는 즐거움과 깊이를 전해 주는 책입니다. 더욱 자세한 문헌을 읽고 싶은 독자는 졸저 『유라시아 유문화론』ユーラシア乳文化論의 참고문헌을 참조하기 바랍니다.

이 책을 집필하도록 계기를 마련해 준 사람은 이와나미 출판사 편집부의 다카하시 히로시 씨였습니다. 『유라시아 유문화론』의 담당 편집자였던 다카하시 히로시 씨가 다음에는 젊은 세대를 위해 내용의 밀도는 유지하면서도 젖 문화의 매력을 알기 쉽게 전해 주는 책을 쓰면 어떻겠느냐고 권해 주었습니다. 어려운 전문용어로 논문을 써 오던 내게 이해하기 쉽게 표현하는 방식을 가르쳐 준 것은 이와나미 출판사 주니어신서 편집부의 오카모토 준 씨였습니다. 오카모토 준 씨에게는 기획 구상부터 문장 교정에 이르기까지 끈기 있는 지도를 받았습니다. 두 분의 도움이 없었다면 이 책은 세상에 나오지 못했을 것입니다. 진심으로 감사드립니다.

이 책을 읽고 나면 젖 문화와 목축에 관해 직접 현지 조사를 다녀온 것과 맞먹는 지식과 방법론적 기초를 갖출 수 있습니다. 또 이 책에서는 유라시아 대륙의 북방 지역에서 쌀쌀한 기후로 인해 독특한 젖 문화가 발달했다는 가설을 소개했는데, 기온과 관련한 구체적인 지표를 제시하는 일은 미완성 과제로 남겼습니다. 이런 것을 실험하고 실증해 내는 것이야말로 인류의 젖 문화 발달사를 검증하는 작업으로 이어질 것입니다. 그 밖에도 이 책에는 남겨진 과제가 많습니다.

가축의 젖에 대한 연구는 흥미롭습니다. 독자들이 이 책 덕분에 젖 문화의 재미에 눈뜨기를 바랍니다. 또 독자 가운데 앞으로 젖 문화 연구자가 되어 현지를 돌아다니며 현장 조사의 즐거움을 맛보고 상황 증거를 통해 이론을 세워 나가는 희열을 느끼는 동료가 나와 준다면, 필자로서 더할 나위 없이 기쁠 것입니다.

2014년 8월
중국 칭하이성의 마음 따뜻한 티베트 유목민들과 함께
히라타 마사히로

참고 문헌

· 石毛直道 編.『世界の食事文化』. ドメス出版, 1973.

· 梅棹忠夫.『狩猟と遊牧の世界—自然社会の進化』. 講談社学術文庫, 1976.

· 在来家畜研究会 編.『アジアの在来家畜—家畜の起源と系統史』. 名古屋大学出版会, 2009.

· 谷泰.『牧夫の誕生—羊・山羊の家畜化の開始とその展開』. 岩波書店, 2010.

· 中尾佐助.『料理の起源』. 日本放送出版協会, 1972.

· 西秋良宏 編.『遺丘と女神—メソポタミア原始農村の黎明』. 東京大学出版会, 2008.

· 平田昌弘.『ユーラシア乳文化論』. 岩波書店, 2013.

· 廣野卓.『古代日本のチーズ』. 角川選書, 1996.

· 福井勝義, 谷泰 編.『牧畜文化の原像—生態・社会・歴史』. 日本放送出版協会, 1987.

· 雪印乳業株式会社健康生活研究所 編.『乳利用の民族誌』. 中央法規出版, 1992.

· Harris, Marvin. *Good to Eat: Riddles of Food and Culture*. Waveland Press, 1985.

· Kindstedt, Paul. *Cheese and Culture: A History of Cheese and Its Place in Western Civilization*. Chelsea Green Publishing, 2012.

특별한 설명이 없는 사진은 저자가 직접 촬영한 것입니다.

石毛直道, 吉田集而, 赤坂賢, 佐々木高明(1973),「伝統的食事文化の世界的分布」石毛直道 編,『世界の食事文化』ドメス出版.

伊藤敞敏(1998),「牛乳成分の成立ち」伊藤敞敏, 渡邉乾二, 伊藤良 編,『動物資源利用学』文永堂出版.

角田健司(2009),「ヒツジ―アジア在来羊の系統」在來家畜研究会 編,『アジアの在來家畜―家畜の起源と系統史』名古屋大学出版会.

內藤周幸 監修(2009),『牛乳がかわる50+3問―牛乳と健康・ファクトブック』所收「Q7」社団法人日本酪農乳業協会 牛乳乳製品健康科学委員会.

平田昌弘(1999),〈西南アジアの乳加工体系―シリア北東部のアラブ系牧畜民バッカーラの事例をとおして〉,《エコソフィア》第3巻.

平田昌弘, 岸川沙織, 近藤昭彦, 山中勤, 開發一郎, ダムディン バトモンフ, 本江昭夫(2009),〈モンゴル高原中央部における植物の生育に影響を及ぼす自然環境の諸要因の分析〉,《沙漠研究》第19巻 第2号.

三宅裕(1996),〈西アジア先史時代における乳利用の開始について―考古学的にどのようなアプローチが可能か〉,《オリエント》第39巻 第2号.

Bogucki, P.(1984), "Ceramic Sieves of the Linear Pottery Culture and their Economic Implications", *Oxford Journal of Archaeology*, Vol.3, No.1.

Gouin, P. P.(1993), "Bovins et laitages en Mésopotamie méridionale au 3ème millénaire: Quelques commentaires sur la 'frise à la laiterie' de El-Obeid", *Iraq*, Vol.55.

Jenness, R.(1999), "Composition of Milk", In N. P. Wong(ed), *Fundamentals of Dairy Chemistry*, Caithersburg: Aspen Publishers.

Jürgen, A.(1978-1979), "Rössener Siebe aus Aldenhoven", *Kölner Jahrbuch für Vor-und Frühgeschichte*, Vol.16.

Picon-reategui E.(1976), "NUTRITION", In P. T. Baker and M. A. Little(eds.), *MAN IN THE ANDES: A Multidisciplinary Study of High-Altitude Quechua*, Stroudsburg: Dowden, Hutchinson & Ross, Inc.

Salque, M, et al.(2013), "Earliest evidence for cheese making in the sixth millennium BC in northern Europe", *Nature*, Vol.493.

UNEP/Middleton, N. J. and D. S. G. Thomas(1992), *World Atlas of Desertification*(1st ed.), London; New York: Edward Arnold.

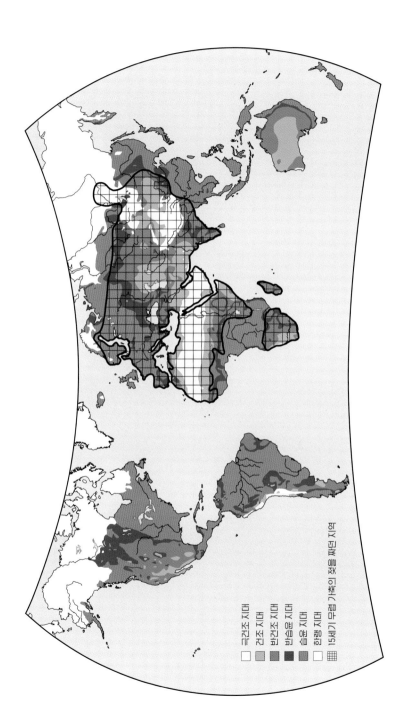

세계의 건조 지대와 전통적 착유(搾乳) 지대

출처: 유엔환경계획(1992); 듀트 외(1973)

극건조 지대
건조 지대
반건조 지대
반습윤 지대
습윤 지대
한랭 지대
15세기 무렵 가축의 젖을 짜던 지역